MÉMOIRE
A CONSULTER,

ET

CONSULTATION

SUR LA CAPACITÉ ÉLECTORALE DE

M. DE BULLY,

Député du Dép.t du Nord.

MÉMOIRE
A CONSULTER,

ET

CONSULTATION

SUR LA CAPACITÉ ÉLECTORALE DE

M. DE BULLY,

Député du Dép.t du Nord,

SUIVIS

DE PIÈCES JUSTIFICATIVES ET DES LOIS RELATIVES AUX ÉLECTIONS.

A LILLE,

CHEZ LELEUX, IMPRIMEUR-LIBRAIRE,

GRANDE PLACE.

1828.

IMPRIMERIE DE LELEUX.

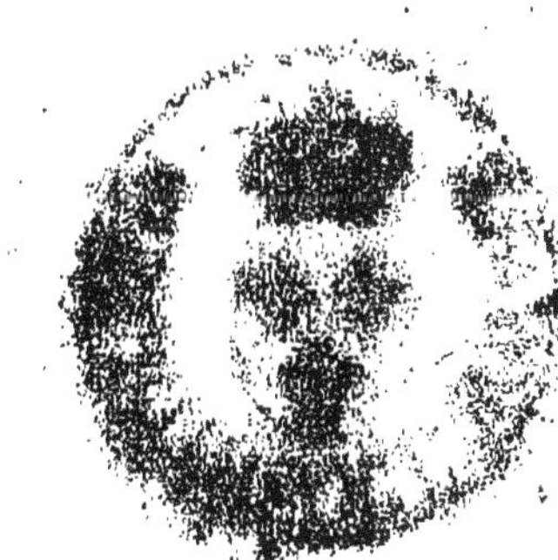

MÉMOIRE

A CONSULTER.

Beaucoup d'Électeurs de l'arrondissement de Lille avaient la conviction que M. de Bully, ancien payeur de la guerre, à Lille, élu député en 1827 par le troisième Collége d'arrondissement de cette ville, ne payait pas le cens nécessaire pour l'éligibilité. Mais l'ancien ministère, protecteur de tant de fraudes, avait rendu impossibles les vérifications nécessaires. Les Électeurs ne purent se procurer les preuves dont ils avaient besoin, que lorsque la déclaration de M. le Ministre des finances à la tribune de la Chambre élective eut forcé les percepteurs et directeurs de contributions à délivrer les extraits qui leur étaient demandés. Déjà l'élection de M. de Bully avait été vérifiée et son adoption proclamée par la Chambre. Les Électeurs crurent, cependant, qu'il était de leur devoir de soumettre à celle-ci, dans une pétition *(voyez la pièce N.° 1)* qui fut signée par soixante d'entr'eux, les découvertes qu'ils avaient faites. Ils avaient auparavant sollicité de M. de Bully des explications; mais ce député s'était renfermé dans un dédaigneux silence. Ils n'attaquaient d'abord que l'attribution faite à M. de Bully de contributions payées dans le Nord; plus tard, ils acquirent la conviction qu'il ne pouvait pas davantage se prévaloir de contributions payées dans le Calvados.

La Chambre, dans sa séance du 19 Avril dernier, s'est livrée à l'examen des faits contenus dans cette pétition; elle crut néanmoins devoir adopter l'ordre du jour, sur le motif pris de l'autorité de la chose jugée. Le rapporteur, M. le vicomte de Laboulaye, fit alors connaître à la tribune qu'un contrat de vente des propriétés du Calvados avait été passé au profit de M. de Bully; mais pressé par des interpellations multipliées, il finit par avouer que ce contrat *n'avait été passé, d'après son conseil, que la veille de la séance,* c'est-à-dire le 18 Avril.

M. Ravez, élu par les départemens du Nord et de la Gironde, ayant opté pour ce dernier département, une nouvelle élection eut lieu dans le Nord. Les Électeurs signataires de la pétition se pourvurent, par le ministère de l'un d'eux, devant M. le Préfet, en radiation de M. de Bully de la liste électorale.

Pour comprendre les motifs sur lesquels ils

se fondaient, il est nécessaire de rappeler les termes de l'inscription sur cette liste de M. de Bully. (*Voyez la pièce N.° 2.*)

L'exposé des faits comme des moyens doit donc naturellement se partager en deux parties.

CONTRIBUTIONS DU CALVADOS.

Relativement aux biens du Calvados, les Électeurs ont prétendu que si M. de Bully en était devenu propriétaire, il n'avait pas la possession annale exigée par l'art. 4 de la loi du 29 Juin 1820.

En effet, il résulte d'un acte passé devant le notaire Duhamel, de la résidence de Meulan, le 10 Brumaire an XII (2 Novembre 1803), que ces biens, d'origine nationale, ont été vendus par le S.r Louis-Barthélemi Bastide, banquier à Paris, au S.r Nicolas Roger et à la dame Marie-Françoise de Bully, son épouse. (*Voyez la pièce N.° 3.*)

M. Roger décéda subitement, allant de Gisors à Paris, le 10 Janvier 1820.

Il laissa pour héritier un fils mineur.

Le 9 Mai 1820, la dame V.e Roger donna à un S.r Joron, alors garde-magasin des lits militaires à Caen, une procuration pour passer, au bureau de la Délivrande, pour les biens situés sur la commune d'Ouistreham, et au bureau de Villers, pour ceux situés sur la commune de Noyers, la déclaration de mutation voulue par la loi; et dans cette procuration, rapportée à la suite de la déclaration passée au bureau de la Délivrande, elle stipule tant en son nom personnel, à cause de la communauté de biens qui a existé entre elle et feu son mari, que comme sa donataire à titre universel d'un quart en toute propriété, et d'un autre quart en usufruit seulement, et encore comme tutrice légale de son fils mineur.

Muni de cette procuration, M. Joron se présente aux bureaux de la Délivrande et de Villers les 3 et 5 Juillet 1820, et y déclare que M.me V.e Roger est propriétaire de la moitié des biens situés dans les communes de Noyers et d'Ouistreham, donataire d'un quart en toute propriété de la moitié ayant appartenu à son mari, et de l'autre quart de cette moitié en usufruit seulement. Ainsi, par ces déclarations, M.me Roger se portait et se justifiait propriétaire de cinq huitièmes, et son fils mineur des trois autres huitièmes. *(Voyez les pièces N.os 3 et 4.)*

Les choses étaient en cet état, lorsque le 24 Juillet 1822, M. de Bully (on croit que c'est le fils), armé d'un certificat de la dame Roger, passé à Paris le 11 Juin 1822, portant que son frère, M. de Bully, est conjointement propriétaire avec elle, et par indivis, des immeubles situés dans les communes de Noyers et d'Ouistreham, et qu'il a droit pour moitié auxdites propriétés, vint à Caen faire opérer la division des contributions : on peut donner ici une idée des difficultés apportées à la délivrance des actes qui devaient éclaircir cette affaire. Nous renvoyons aux poursuites faites à cet égard par MM. les Électeurs constitutionnels de Caen. (*Voyez la pièce N.° 5.*)

Cette division eut lieu effectivement à Noyers, en vertu de cette déclaration, et à Ouistreham, par suite du certificat complaisant du Maire, qui attesta, sur la simple déclaration de M. de Bully, que celui-ci était propriétaire par indivis avec sa sœur. (*Voyez la pièce N.° 6.*)

Elle fut faite contrairement aux dispositions des lois sur la matière, puisqu'aux termes de l'art. 36 de la loi du 3 Frimaire an VII, la notice de toute mutation doit être inscrite sur le registre à ce destiné à la diligence des parties intéressées, contenir la désignation précise des propriétés, *et dire à quel titre la mutation s'est opérée.* Jusque-là l'ancien propriétaire doit continuer à être imposé au rôle.

Il est bon aussi de faire remarquer que si le certificat de M.me V.e Roger pouvait être considéré comme un acte translatif de propriété, elle n'aurait disposé que de la moitié de ce qui lui appartenait, c'est-à-dire des cinq seizièmes de la totalité des biens, puisqu'elle n'a pu aliéner sans autorisation du conseil de famille et jugement d'homologation, la part d'immeubles appartenant à son fils mineur : d'où il suit que la part de contributions de M. de Bully devait être de 572 fr., au lieu de 915 fr. 18 c. Au surplus, il existe un certificat de M. le Conservateur des hypothèques, en date du 8 Avril 1828, qui déclare qu'il n'a été transcrit aucune mutation à son bureau pour les biens de Noyers et d'Ouistreham, au profit de M. Charles-Joseph-Augustin de Bully, père. (*Voyez la pièce N.° 7.*)

Malgré la déclaration de M.me Roger, il est constant que M. de Bully n'a jamais fait acte de propriétaire. Il ne sera pas dénié que M. Roger a seul régi ou fait régir ses biens d'Ouistreham et de Noyers; les fermiers n'ont payé qu'à lui ou à ses fondés de pouvoirs : M. de Bully leur est parfaitement inconnu. Cet état de choses n'a pas changé par la déclaration de 1822.

Un S.r Gallard a été pendant plusieurs années le régisseur des biens en question; et il résulte de l'inventaire dressé à sa mort, le 28 Juin 1827, qu'on a trouvé parmi ses papiers un registre destiné à inscrire le compte des fermiers de M. le baron Fournier-Devillé (second mari de la dame V.e Roger), dont il était le receveur; un certain nombre de pièces relatives à sa correspondance et à ses comptes avec M. Fournier-Devillé; et enfin, la V.e Gallard déclare dans l'inventaire, que ce dernier réclame de la succession de son mari le compte des sommes qu'il aurait touchées depuis le dernier arrêté. (*Voyez la pièce N.° 8.*)

Ainsi M. Fournier-Devillé est seul connu comme propriétaire, il agit seul en cette qualité; il n'est pas dit un mot de M. de Bully.

C'est encore M. Fournier-Devillé, qui seul, comme époux en secondes noces de M.me Marie-Geneviève-Françoise de Bully et co-tuteur de M. Eugène-Augustin Roger, fils mineur de ladite dame, fait procéder devant M.e Baudet, notaire, à Colleuille-sur-Orne, à la location aux enchères des biens d'Ouistreham. *(Voyez la pièce N.o 4.)*

Il serait par trop extraordinaire que M. de Bully n'eût pas au moins une contre-lettre de M. Roger, avec lequel il aurait acquis les domaines du Calvados; qu'il ne pût fournir ni arrêtés de compte avec son beau-frère relativement aux revenus, ni traces dans sa correspondance avec lui de cette co-propriété commune : et pourtant il n'a rien produit!

On ne peut expliquer non plus comment la révélation de sa co-propriété ayant été faite en 1822, un autre se porte dans un acte public comme propriétaire exclusif.

M. de Bully a bien senti qu'en présence de ces faits, le certificat de la dame sa sœur ne pouvait suffire pour le constituer propriétaire : on a parlé pour lui d'un acte de vente, qui d'ailleurs n'a pas été lu; mais il a été avancé que ce contrat n'avait été fait que le 18 Avril 1828.

Les Électeurs soussignés pensent que cet acte,

dont d'ailleurs ils ignorent le contenu, n'a pu, dans tous les cas, assurer à M. de Bully la possession annale que du jour de son enregistrement, s'il est sous seing privé, ou du jour de sa passation, s'il a été reçu devant notaires.

Ils doivent, quant aux biens du Calvados, terminer par ce dernier fait : c'est que sur la liste électorale de 1820, M. de Bully était porté comme payant seulement cent et quelques francs de contributions dans ce département.

CONTRIBUTIONS DU NORD.

Elles portent, de l'aveu de M. de Bully, sur une maison sise rue Royale, N.° 105, à Lille.

Cette maison a été acquise du S.r Planès par M. Esprit-Charles-Gabriël de Bully fils, payeur de la guerre, par contrat passé devant M.e Doyen, notaire, à Lille, le 13 Avril 1824, enregistré le 23 du même mois.

Une inscription a été prise sur elle au profit du trésor le 24 Avril 1824. *(Voyez la pièce N.° 9.)* Il résulte d'un certificat du receveur de l'enregistrement du bureau de Lille, en date du 14 Mars 1828, qu'aucune mutation n'a eu lieu à son égard. *(Voyez la pièce N.° 10.)*

M. de Bully fils en a payé constamment les contributions jusqu'en 1828.

En effet, un extrait du rôle général des contributions directes de l'an 1827 porte ce qui suit :

« Art. 3271. Rue Royale, N.° 105. M. de Bully

(Charles), pour personnel et mobilier, 4f 35c

» Art. 3270. Rue Royale, N.° 105. M. de Bully, payeur, pour.................. 193f 19c»

(Voyez la pièce N.° 11.)

Et en 1828:

« Art. 3359. Rue Royale, N.° 105. M. de Bully, propriétaire, pour........... 375f 55c

» Art. 3360. Rue Royale, N.° 105. M. de Bully (Charles), payeur, pour...... 4f 35c»

(Voyez la pièce N.° 11.)

La différence entre la contribution foncière fixée aux deux rôles, vient de ce qu'en 1827 M. de Bully fils avait en grande partie démoli la maison qu'il a depuis reconstruite.

On ignore pourquoi la désignation de la profession n'est plus la même au rôle de 1828 : ce qu'il y a de certain, c'est que M. de Bully fils est propriétaire en même temps qu'il est payeur.

Ce qui n'est pas moins certain, c'est que ces contributions lui ont été comptées pour lui conférer le droit d'électeur *dont il a usé en* 1827 *et* 1828. *(Voyez la pièce N.° 12.)*

Enfin, il est constant que M. de Bully fils est toujours propriétaire de sa maison, qu'il continue à l'occuper, et que c'est lui qui a commandé et payé les améliorations et embellissemens qui y ont été faits.

Il est également constant que M. de Bully père habite ordinairement, depuis six années, ou Paris ou la campagne, et qu'il n'a dans la maison de son fils qu'un simple pied-à-terre.

Cela est si vrai, qu'une sommation ayant été faite le 7 Mars 1828 à M. le Maire de Lille, de certifier que les propriétés mentionnées dans l'extrait relatif à M. de Bully, propriétaire, lui appartenaient depuis plus d'une année, ce fonctionnaire s'y est formellement refusé. (*Voyez la pièce N.° 13.*)

M. de Bully, député, n'étant pas propriétaire, ne peut profiter des contributions foncières.

En vain prétend-il qu'il est propriétaire de tout le mobilier et locataire de la maison en vertu d'un bail sous seing privé accordé par son fils, qui ferait remonter la jouissance au 1.er Janvier 1827, et veut-il par-là s'attribuer les contributions mobiliaires et des portes et fenêtres !

Il est contre toute vraisemblance que M. de Bully fils qui occupait sa propre maison, qui y a ses bureaux, et qui est chef de famille, soit devenu chez lui simple commensal de son père qui n'habite Lille que quelques semaines. Mais ce qui vaut encore mieux que des présomptions, c'est que M. de Bully fils, par son contrat de mariage du 5 Décembre 1827, a constitué parmi ses apports une valeur de 26,250 fr. en *meubles meublans*, linge de table, argenterie, etc. (*Voyez la pièce N.° 14.*) L'importance de cette somme prouve assez que le mobilier de la maison rue Royale lui appartient.

M. de Bully se prévaut d'un acte de notoriété passé devant le Maire par sept habitans notables qui ont attesté (et non par M. le Maire, comme l'a dit M. de Laboulaye, rapporteur,) qu'il était à leur connaissance que M. de Bully était le locataire de son fils depuis le mois de Janvier 1826.

Mais le rôle de 1827, qui attribue toutes les contributions à M. de Bully fils, vient contrarier cette prétendue notoriété; M. le Maire de Lille avait précédemment refusé de l'attester, et une foule de citoyens notables viendraient au besoin établir une notoriété contraire.

Malgré ces faits, M. le Préfet du Nord, par une décision prise en conseil de préfecture, a maintenu M. de Bully sur la liste électorale. *(Voyez la pièce N.° 2.)*

Le 28 Avril, jour de l'élection, une protestation contre cet arrêté a été notifiée tant à M. le Préfet qu'à M. de Bully. *(Voyez la pièce N.° 15.)*

La difficulté de se procurer de nouveau les pièces déposées au secrétariat de la Chambre des Députés, a seule empêché les Électeurs de donner immédiatement suite à cette protestation.

Ils demandent si leur prétention est bien fondée, et quelle marche il faut suivre pour la faire valoir.

(Suivent les signatures)

CONSULTATION.

Le Conseil soussigné, qui a pris connaissance d'un Mémoire à consulter, présenté et signé par plusieurs Électeurs de l'arrondissement de Lille, et des pièces à l'appui, sur les questions de savoir : si M. de Bully doit être maintenu sur la liste des Électeurs du département du Nord, et sur la marche à suivre pour parvenir à sa radiation, estime :

1.° Que tout Électeur est recevable à provoquer la réformation de l'arrêté du Préfet du Nord du 25 Avril 1828, qui a maintenu M. de Bully sur la liste des Électeurs du département, pour une somme de 1010 fr. 39 c.;

2.° Que cette réformation doit être prononcée;

3.° Que l'autorité judiciaire peut seule être saisie de la contestation.

Première Proposition : *l'action est recevable.*

Cette proposition n'a pas besoin de longs développemens. Avant l'élection, tout Électeur peut se plaindre d'une inscription illégale qui diminuerait son droit et fausserait l'expression du vœu du pays dont les seuls Électeurs véritables doivent être les organes.

C'est par suite de ce principe que M. le Préfet a statué, dans l'espèce, sur la réclamation d'un Électeur. L'élection consommée, le pourvoi contre l'arrêté rendu par le Préfet n'est qu'une continuation de ce droit qui serait à l'entière merci des Préfets, et deviendrait tout-à-fait illusoire, si l'autorité supérieure du Conseil d'état ou des Tribunaux, suivant l'exigence des cas, ne pouvait connaître de l'action. En effet, l'intervalle entre l'arrêté et l'élection est souvent trop court pour qu'on puisse faire statuer sur le pourvoi, et alors, par le fait, l'arrêté du Préfet deviendrait la décision définitive.

Aussi plusieurs ordonnances du Roi, rapportées dans le répertoire de M. Favard de Langlade, au mot *Élection*, ont statué sur des réclamations de cette nature, lorsque l'élection était consommée.

Il y a plus : dans le système de la loi du 2 Mai 1827, les listes électorales sont permanentes : nul ne peut cesser d'en faire partie qu'en vertu d'une décision motivée ou d'un jugement. Il y a donc, même après l'élection, intérêt et droit pour chaque Électeur de se pourvoir en rectification d'une liste qui doit servir, telle qu'elle est dressée, à l'élection prochaine.

Qu'on ne dise pas que la Chambre étant septennale, l'élection est encore bien éloignée ; l'intérêt n'en existe pas moins, quoique moins pressant. Mais d'ailleurs, un décès, une démission, la dissolution de la Chambre peuvent rendre la réclamation d'une opportunité évidente.

C'est dans ce sens que les ministres entendaient la loi du 2 Mai 1827. L'un d'eux s'exprimait ainsi à la Chambre des Pairs :

« La meilleure garantie qu'on puisse désirer, » sous le rapport de l'exactitude et de la fidélité » des inscriptions, n'est-elle pas celle que donne » le projet, par l'institution d'une liste *perpé-* » *tuelle, améliorée d'année en année par* » *les réclamations des intéressés auxquels* » *elle est soumise?* Cette garantie est tellement » forte par elle-même, que toute précaution » ultérieure paraît surabondante et ne servirait » qu'à l'affaiblir. »

Les réclamations doivent donc toujours être reçues à quelque époque qu'elles soient formées.

Ce droit d'intervention des Électeurs a été reconnu formellement par le nouveau projet de loi sur les listes électorales, déjà adopté par les deux Chambres : l'article qui le concerne a été présenté non comme offrant une innovation, mais comme la reconnaissance d'un droit préexistant.

Deuxième Proposition : *l'action est fondée.*

M. de Bully justifie-t-il suffisamment qu'il paie depuis plus d'une année 300 fr. de contributions directes ? Nous ne le pensons pas.

Attachons-nous d'abord aux contributions du Calvados.

M. de Bully se prévaut des extraits des rôles pour 1828, indiquant qu'il est imposé, conjointement avec Mme Roger, sa sœur, pour deux propriétés situées dans les communes de Noyers et d'Ouistreham, et qu'il paie pour sa moitié 915 fr. 18 c.

Il résulte des pièces, qu'il figure aux mêmes rôles depuis 1822, en vertu d'une déclaration faite par sa sœur, Mme Roger, portant qu'il est propriétaire par indivis avec elle.

Ces justifications pourraient suffire dans des circonstances ordinaires; mais elles ne peuvent prévaloir contre des actes authentiques, appuyés de faits conformes.

Or, on établit par cette notoriété que les biens dont il s'agit ont été acquis, en 1803, par le Sr Roger et la dame son épouse.

Au décès du Sr Roger, arrivé en 1820, la dame Roger est devenue propriétaire pour cinq huitièmes, et son fils, le mineur Roger, pour les trois autres huitièmes.

La déclaration en a été faite en ces termes par la dame Roger, pour le payement des droits de mutation.

Les actes indiquent donc un autre propriétaire que M. de Bully : les faits ne parlent pas moins haut.

Avant la déclaration de 1822, M. de Bully n'avait jamais paru comme propriétaire; il en a été de même depuis cette époque.

En 1827, un S.r Gallard, régisseur de ces biens, vient à décéder; et de l'inventaire dressé après sa mort, il résulte la preuve qu'il ne rendait ses comptes qu'à M. Devillé, second mari de la dame Roger.

Dans la même année, un bail aux enchères des biens d'Ouistreham est passé devant notaires, et c'est au nom seul de M. Devillé, en sa qualité d'époux en deuxièmes noces de la dame V.e Roger, et co-tuteur de M Eugène-Augustin Roger, fils mineur de ladite dame.

M. de Bully a donc contre lui un acte authentique qui attribue la propriété à un autre, et une possession conforme à ce titre.

Il ne nous paraît pas possible de regarder comme un acte translatif de propriété la déclaration de la dame Roger, faite en 1822.

On n'y trouve les caractères ni de la donation, ni de la vente.

Acte de donation, il devait nécessairement être passé devant notaires, et accompagné d'une acceptation formelle de la part du donataire; en un mot, il était soumis à des conditions et à des formes spéciales qui n'ont point été observées.

Acte de vente, il eût du contenir l'énonciation d'un prix; car c'est là un des caractères essentiels de la vente.

On ne peut donc considérer cette déclaration que comme une délégation officieuse de contributions faite par une sœur à son frère.

Dira-t-on, pour M. de Bully, que cette déclaration n'est que la reconnaissance d'un droit préexistant; qu'il a acheté conjointement avec son beau-frère, et que s'il n'a point comparu à l'acte, c'est qu'il a voulu conserver cette acquisition libre de l'hypothèque que le trésor eût prise sur lui en qualité de comptable?

A cela plusieurs réponses:

M. de Bully était-il comptable en 1805? S'il l'était, le motif allégué, qui n'a point arrêté M. de Bully fils lors de l'acquisition de sa maison en 1824, pourra être plausible; mais il n'expliquera pas pourquoi, lorsque M. de Bully est rentré dans la vie privée, il ne s'est pas porté comme co-propriétaire des biens du Calvados, et comment il se fait que M. Devillé ait au contraire pris exclusivement la qualité de propriétaire.

Si l'acquisition de 1803, qui, d'après l'acte authentique, ne regarde que M. et M.me Roger, a été faite en commun avec M. de Bully, il doit être porteur d'une contre-lettre de la même date. Car, il n'est pas possible, quelque confiance que méritassent d'ailleurs ses co-acquéreurs, qu'il ait laissé aux chances si hasardeuses de la vie humaine cette partie de sa fortune.

Une mort prompte, qui eût frappé M. et Mme Roger, eût laissé leur fils mineur, en l'absence de conventions écrites et dans l'ignorance de ce qui s'était passé, propriétaire unique et exclusif de ces biens.

M. de Bully doit avoir aussi des traces de cette co-propriété dans sa correspondance avec son beau-frère, dans ses arrêtés de comptes relatifs aux revenus. Si de pareils documens ne suffisent pas pour constituer légalement un propriétaire et lui donner les droits d'électeur, il serait au moins nécessaire de les faire connaître pour la question de bonne foi. Or, il paraît que jusqu'à présent, M. de Bully n'a rien produit de semblable.

On a parlé à la tribune, le 18 Avril, d'une vente qui aurait été passée ou enregistrée la veille.

M. de Bully pourra désormais se prévaloir des contributions que supporte la propriété qui lui a été transmise, mais quand une année se sera écoulée depuis l'enregistrement.

Le législateur n'a pas voulu qu'on pût improviser au besoin des électeurs ou des éligibles, et s'il n'a pas pu proscrire d'une manière absolue la simulation de la qualité de propriétaire, trop facile par l'usage des contre-lettres, il a voulu du moins rendre la fraude plus difficile et moins profitable par l'établissement du terme d'une année de possession.

Cette année ne doit se compter que du jour où l'acte translatif de propriété a acquis une date certaine, par exemple, du jour de l'enregistrement.

Autrement l'art. 4 de la loi du 29 Juin 1820 serait sans sanction.

Aussi, le Ministre de l'intérieur, M. le comte Siméon, dans ses éclaircissemens sur la loi donnés le 29 Août 1820, circulaire N.° 66, et rapportés dans le Code électoral de M. Isambert, dit-il, dans la réponse à la onzième question : « A partir de cette époque, doit être comptée » l'année exigée pour la possession qui confère » le droit électoral.

» S'il s'agit d'une propriété, l'année de possession doit être comptée à partir du jour de » l'enregistrement de l'acte de vente ou de donation; cette date seule fixe d'une manière » authentique l'époque de la transmission de » propriété. »

Faisons observer en passant, avec M. Isambert, que cela n'est vrai qu'à l'égard des actes sous seing privé, comme pourrait être celui dont se prévaut M. de Bully; mais qu'à l'égard des actes notariés, ils prennent une date authentique du jour où ils sont signés.

En résumé, M. de Bully ne peut être, suivant nous, électeur du chef des biens du Calvados.

Voyons les contributions du Nord qui

regardent une maison sise rue Royale, N.° 105, à Lille.

Il est certain que M. de Bully ne peut profiter de la contribution foncière, puisqu'il n'est pas propriétaire; il le reconnaît lui-même.

Peut-il se prévaloir de la contribution mobiliaire, et de celle des portes et fenêtres ?

Il s'en attribuait d'abord la totalité; depuis, il a déclaré, comme le constate l'arrêté, que la moitié seulement devait lui être comptée.

Pour établir la première prétention, M. de Bully s'appuyait sur ce que, de notoriété publique, il habitait la totalité de la maison de son fils, sauf quelques pièces dont il lui accordait l'usage; qu'il était le propriétaire de tout le mobilier dont elle était garnie; qu'il tenait le ménage, et que son fils n'était que son commensal. Il offrait pour preuve de ces allégations un certificat du Maire, délivré d'après l'attestation de sept citoyens notables, portant qu'il était le principal locataire de la maison rue Royale, depuis le mois de Janvier 1826, et propriétaire de tout le mobilier dont elle était garnie.

M. de Bully se prévalait aussi d'un bail sous seing privé qui lui avait été accordé par son fils, et qui mettait à sa charge, depuis 1826, la totalité de la contribution mobiliaire et celle des portes et fenêtres.

Ce système paraissait spécieux; cependant il a été depuis modifié par M. de Bully, et il a dû l'être.

Il était tout-à-fait invraisemblable que M. de Bully fils, payeur du département du Nord, eût donné en bail sa propre maison, presqu'entièrement rebâtie par lui, qu'il habitait et qu'il habite encore, pour devenir le simple commensal de son père, absent de Lille presque toute l'année.

Mais il y avait quelque chose de plus positif: l'extrait du contrat de mariage de M. de Bully fils, passé le 15 Décembre 1827, qui a été produit, constate qu'il range au nombre de ses apports une somme de 26,250 fr., valeur en meubles meublans, linge et argenterie. L'importance de cette somme ne permet pas de douter que les meubles garnissant la maison rue Royale ne lui appartiennent.

M. de Bully a donc sagement réduit sa prétention. Il ne demande plus que l'attribution de la moitié des contributions mobiliaires et des portes et fenêtres.

Mais comment peut-il faire valoir à l'appui de sa demande le même certificat, qui, suivant lui, le rendait habile à profiter de la totalité des contributions? Peut-on ajouter foi à la déclaration de sept citoyens qui évidemment se sont trompés sur la propriété du mobilier, puisqu'ils se trouvent en opposition avec le contrat de mariage de M. de Bully fils?

Le Maire est le fonctionnaire compétent pour constater la propriété, ou la jouissance annale, mais ici il paraît ne rien certifier par lui-même : il se contente en quelque sorte de recevoir un acte de notoriété. Or, les signataires du Mémoire à consulter annoncent et certifient une notoriété contraire.

Il faut donc recourir à des faits.

En 1827, M. de Bully fils était porté sur les rôles comme devant payer les contributions mobiliaires et des portes et fenêtres.

On le regardait donc comme propriétaire du mobilier et occupeur de sa maison ; et il a sans doute payé en cette double qualité, puisque ces contributions lui ont été comptées pour lui conférer les droits d'électeur qu'il a exercés dans la même année.

Donc, pour 1827, M. de Bully père ne peut s'attribuer aucune des contributions relatives à la maison.

S'il devait en payer partie en 1828, il n'aurait pas la possession annale exigée par la loi.

Mais sur quel motif s'en attribue-t-il la moitié? D'après quelle loi M. le Préfet croit-il devoir adopter cette division? Nous l'ignorons.

Il nous semble que pour payer la contribution mobiliaire, il faut être propriétaire du mobilier, et c'est M. de Bully fils qui l'est, aux termes de son contrat de mariage. M. de Bully père est-il propriétaire d'un autre mobilier aussi important? C'est ce qu'il n'établit pas.

Pour payer la moitié des contributions des portes et fenêtres, il faudrait que M. de Bully occupât, comme locataire, précisément la moitié de la maison, et c'est ce qu'il n'établit pas non plus.

Nous voyons bien que la division adoptée par l'arrêté, a l'avantage de conserver à M. de Bully le cens nécessaire pour être éligible; mais nous pensons que, régulièrement, ce n'est pas à lui, mais aux employés des contributions directes à constater et à opérer cette division.

Au surplus, c'est surabondamment que nous avons discuté ce qui a rapport aux contributions de Lille; comme M. de Bully ne réclame su ces contributions que 90 fr. 91 c., il ne peut être Électeur que si, contre notre opinion, il a droit de se prévaloir de celles du Calvados.

On opposera peut-être à l'action que des Électeurs se proposent de former des considérations générales; on dira qu'il ne doit pas être permis de scruter les secrets des familles, qu'il faut respecter les transactions privées, quelle qu'en soit la forme, et que des conventions verbales ne sont pas moins sacrées que si un officier public y avait donné le sceau de l'authenticité.

Oui, sans doute, entre gens d'honneur la parole donnée vaut un contrat; mais si l'on veut qu'à l'égard des tiers la convention produise tout son effet, qu'on lui donne la publicité et la forme nécessaire. Dans notre droit civil, l'acte sous seing privé ne fait pleine foi de ce qu'il contient, qu'entre les parties contractantes, leurs héritiers ou ayant-cause, et l'on s'étonnerait que pour accorder la précieuse faculté d'élire, qui intéresse la société entière, la loi politique n'exigeât un droit de propriété constaté d'une manière certaine! Il ne faut pas fouiller témérairement dans les secrets des familles; mais lorsqu'on s'arme de transactions privées, qui ne sont pas faites pour être produites au grand jour, et qui ne devraient pas sortir des foyers domestiques, pour s'arroger des droits politiques qui intéressent la nation entière, il doit être permis à chacun d'examiner ces actes et de les réduire à leur véritable valeur.

Opposera-t-on que sur les pièces visées dans l'arrêté de M. le Préfet du 23 Avril 1828, M. de Bully a été précédemment reçu par la Chambre des Députés; qu'ayant été reconnu éligible, il est jugé qu'il payait 1,000 francs au moins de contributions, et qu'il les payait depuis plus d'une année, et qu'ainsi, à plus forte raison, M. de Bully paie le cens nécessaire pour être à la fois Électeur d'arrondissement et Électeur de département?

Nous ne sommes nullement touchés de ces

fins de non recevoir qu'on ferait résulter de la chose jugée.

M. de Bully a deux fois reconnu que les vérifications de la Chambre pouvaient n'être pas exemptes d'erreurs. On lui avait attribué toutes les contributions payées à l'occasion de la maison rue Royale, et il a reconnu d'abord que la contribution foncière devait lui rester étrangère : depuis, il n'a plus réclamé que la moitié des contributions mobiliaires et des portes et fenêtres.

L'autorité de la chose jugée n'existe d'ailleurs que lorsque la chose demandée est la même, et que le litige s'agite entre les mêmes parties agissant en la même qualité.

Or, les Électeurs n'étaient pas partie à la vérification des pouvoirs de M. de Bully; l'on ne peut leur opposer une décision rendue en leur absence.

Autre chose est l'éligibilité et l'admission à la Chambre élective en 1827, autre chose le droit d'élire en 1828.

Qu'on profite de l'admission prononcée *nemine contradicente*, à la bonne heure; mais si l'on veut ensuite exercer le droit d'Électeur, qu'on fasse les justifications nécessaires. Ne peut-on pas avoir perdu la propriété qui rendait éligible? et ne faut-il pas établir que l'on possède réellement?

TROISIÈME PROPOSITION : *l'autorité judiciaire peut seule être saisie de l'action.*

La question de compétence n'a plus qu'un intérêt de quelques jours, puisque la loi sur les listes électorales, qui ne tardera pas à être promulguée, tranche toute difficulté. (1)

Néanmoins, il faut l'examiner dans l'état actuel de notre législation.

L'art. 6 de la loi du 5 Février 1817 attribue aux Cours royales le jugement définitif des difficultés relatives aux droits civils et politiques de l'électeur, et au Conseil d'état celui des difficultés concernant ses contributions ou son domicile politique.

Or, ici c'est bien évidemment l'autorité judiciaire qui doit être saisie de l'action. Il s'agit, en effet, de savoir si M. de Bully est ou non propriétaire et locataire, a ou non la possession ou la jouissance annale : question tout-à-fait de l'ordre civil.

Mais l'affaire devra-t-elle subir les deux degrés de juridiction ?

Nous n'hésitons pas à nous prononcer pour l'affirmative, d'après les seuls termes de la loi du 5 Février. Le but du législateur paraît avoir été d'établir le Préfet juge provisoire et en premier ressort ; la Cour royale ou le Conseil d'état juge en dernier ressort. C'est ce qui résulte du rapprochement des art. 5 et 6 de la loi.

---

(1) Elle l'a été depuis.

C'est aussi le sens qui y a attaché la jurisprudence. Mais elle s'est divisée depuis la promulgation de la loi du 2 Mai 1827. La plupart des Cours de France ont continué à connaître directement des pourvois contre les arrêtés des Préfets; la Cour royale de Paris s'est, au contraire, déclarée incompétente, et a renvoyé la cause devant les Tribunaux de première instance; et l'un de ces arrêts ayant été déféré à la Cour de Cassation, le pourvoi a été rejeté le 21 Février 1828. La décision est rapportée dans *la Gazette des Tribunaux* du 22 Février 1828.

Nous croyons aussi que les termes de l'art. 5 de la loi du 2 Mai 1827 sont trop précis pour qu'on puisse, *omisso medio*, porter directement l'action devant la Cour. Cet article s'exprime ainsi: « Nul ne pourra cesser de faire partie » des listes prescrites par l'art. 2, qu'en vertu » d'une décision motivée ou d'un *jugement* » contre lesquels le recours ou l'*appel* auront » un effet suspensif. » La corrélation et le sens légal de ces deux mots *jugement* et *appel*, nous paraissent indiquer trop clairement les deux degrés de juridiction, pour qu'il soit permis de n'y point avoir égard, sous prétexte de l'esprit de la loi. Où le texte est clair, l'interprétation perd ses droits.

Il sera prudent, tout en assignant M. le Préfet du Nord, de mettre en cause M. de Bully, pour que la décision à intervenir soit contradictoire avec lui. Il est d'ailleurs convenable de le mettre à même de fournir des explications et des réponses.

Délibéré à Douai, le 10 Juillet 1828.

Signés, P. Danel, *Avocat.*
A. Honoré, *Avocat.*

PIÈCES JUSTIFICATIVES.

N.° 1.

A M. LE PRÉSIDENT
DE LA CHAMBRE DES DÉPUTÉS.

Monsieur le Président,

Les Électeurs soussignés de l'arrondissement de Lille, département du Nord, ont l'honneur de vous exposer que depuis la nomination de M. de Bully (Charles-Joseph-Augustin) à la députation du Nord, ils ont toujours été convaincus que les contributions payées par ce Député ne s'élevaient pas au cens exigé par la loi pour faire partie de la Chambre élective; mais ils ne purent jusqu'aujourd'hui se procurer les pièces propres à établir ce fait. Depuis la déclaration de Son Exc. le Ministre des finances, ils demandèrent les certificats des percepteurs, et reconnurent qu'en 1827, les contributions de la maison rue Royale, N.° 105, étaient portées au nom de M. Esprit-Charles-Gabriël de Bully, payeur de la guerre, et les contributions de 1828, au nom de M. Charles-Joseph-Augustin de Bully, son père; ils eurent alors recours à M. le Conservateur des hypothèques. Il résulta des pièces délivrées par ce fonctionnaire public, que la maison reprise au rôle sous le N.° 3359, et payant une contribution de 375 fr. 50 c., a été acquise par M. Esprit-Charles-Gabriël de Bully fils, payeur de la guerre, par contrat passé devant M.e Doyen, notaire, le 13 Avril 1824, enregistré le 23 suivant, comme provenant du S.r Antoine-Thomas Planès.

Une inscription fut prise par le Receveur de l'enregistrement contre le S.r Esprit-Charles-Gabriël de Bully fils, au profit du trésor, le 24 Avril 1824. Depuis cette époque jusqu'en 1828, les contributions furent payées par M. de Bully fils.

Il faudrait donc, pour que M. de Bully père pût faire usage des contributions de 1828, que la maison rue Royale, N.° 105, eût été vendue par le fils à son père en 1827; circonstance qui n'existe pas, ainsi que le prouve le certificat ci-joint de M. le Receveur de l'enregistrement.

M. de Bully père a été porté sur les listes électorales de

1827 comme payant dans la commune de Lille	870 fr.	82 c.
et dans le département du Calvados	536	25
Ensemble.	1407	7

M. de Bully père, qui fait partie maintenant de la Chambre des Députés, porte pour prénoms *Charles-Joseph-Augustin*, et n'était imposé dans la commune de Lille, en 1827, que pour 4 fr. 30 c.

Il résulte des pièces jointes à la présente pétition, que M. Charles-Joseph-Augustin de Bully aurait fait usage d'un extrait de rôle qui ne lui appartenait pas pour compléter le cens d'éligibilité.

Les Ministres du Roi et la Chambre des Députés ont donné tant de preuves d'impartialité, d'amour de l'ordre et des lois, que, dans cette circonstance, les Électeurs ont cru de leur devoir de faire connaître à la Chambre les moyens dont s'est servi M. de Bully pour être reçu dans son sein.

Ils attendent avec une respectueuse confiance la décision que la Chambre jugera convenable de prendre à ce sujet.

Ils ont l'honneur, etc.,

Signés : DELOIGNE, B. CRÉPY, COIGNY, RICHEBÉ, CHOMBART-BERNARD, STIÉVENART, DENISART-DEBRAY, HUDELIST-POLLET, HERBAUX, LEFEVRE-DAVID, Henri MATHON, DELOS, PASCAL, POISSANT, TESTELIN-WARESQUELLE, FRÉVILLE-DELANGE, Édouard MATHON, Auguste MILLE, TOP, LAMBLIN, DERON, BOSSAUT-WAROUX, BOCQUET-BERNARD, HEEGMANN, COGEZ-BÉGHIN, CANDELIER, DAMBRICOURT-LAGACHE, SAINT-LÉGER, WARESQUELLE, DUROT, LELEUX, VIGNE, FAUCILLE, MARCHAND-DELEVINGNE, DELAFONTAINE aîné, DESPREZ, Louis DESMONS, LAMBERT DE BEAULIEU, MAZURE, BONTE-POLLET, NOEL, DUTILLEUL, BOUBERS, COQUELLE, BÉCU, MACQUET-TILLOY, BONIFACE-CLARISSE, MERLIN-HOVELACQUE, CAVALIER, ALAVOINE, CATOIRE-MÉGOEUL, HAUTRIVE, OVIGNEUR, François DESCAMPS, MONTIGNY-CHAMPON, César WACRENIER, COUAILHAC, PETRY, BAILLY, BOET.

N.° 2.

PRÉFECTURE DU NORD.

Nous, Maître des requêtes, Préfet du département du Nord, en conseil de préfecture;

Vu la lettre à nous adressée le 21 de ce mois par le S.r Leleux, électeur de l'arrondissement de Lille, ayant pour objet de nous réitérer l'invitation qu'il avait faite précédemment à notre prédécesseur, d'exiger de M. de Bully (Charles), propriétaire à Lille et Député du département du Nord, la production des titres qui peuvent lui donner droit à faire partie du Collége électoral du département du Nord, sinon à le rayer de la liste des Électeurs de ce Collége;

Vu la liste des Électeurs du département du Nord, arrêtée le 6 Novembre 1827;

Vu les procès-verbaux des élections faites dans le département du Nord, dans le même mois de Novembre 1827;

Vu la lettre qui a été écrite le 9 Avril courant, à M. de Bully, par M. le comte de Murat, notre prédécesseur;

Vu la réponse de ce Député en date du 20;

Vu les copies certifiées par MM. les Questeurs de la Chambre des Députés, des pièces remises à la Chambre par M. de Bully, pour justifier des conditions d'éligibilité, lesquelles se composent, savoir :

1.° D'un extrait des matrices générales des quatre contributions directes des communes d'Ouistreham et de Noyers, arrondissement de Caen, département du Calvados, pour l'exercice de 1828, délivré le 10 Janvier de cette année par le Directeur des contributions directes du département du Calvados, duquel il résulte,

Que M. de Bully et la dame Roger sont imposés, chacun pour moitié, dans la commune d'Ouistreham, art. 99 du rôle, pour une somme de...... 688 fr. 69 c.

Que M. de Bully et la dame Roger sont imposés, chacun pour moitié, dans la commune de Noyers, art. 321 du rôle, pour une somme de.......................... 1,141 67

Total.................... 1,830 36

dont moitié pour M. de Bully.............. 915 18

Ledit extrait portant en outre que M. de Bully était imposé dans les mêmes communes antérieurement au 1.er Janvier 1827;

2.° D'un extrait de la matrice des quatre contributions directes de la commune de Lille, département du Nord, constatant que M. de Bully, *sans autre désignation,* y est imposé, savoir : en contribution foncière, à 189 fr. 38 c.; en contribution des portes et fenêtres, à 73 fr. 74 c.; en cote mobiliaire, à 102 fr. 8 c., et en contribution personnelle, à 4 fr. 30 c.;

3.° D'une déclaration de M. de Bully (Charles), député du département du Nord, portant que sur l'extrait ci-dessus visé, il ne doit être porté à son compte que la contribution personnelle et moitié de celles mobiliaires et des portes et fenêtres;

4.° D'un certificat de M. le Maire de Lille, délivré sur l'attestation de sept négocians et propriétaires de cette ville, et constatant que M. de Bully père et son épouse occupent depuis le mois de Janvier 1826, à titre de principaux locataires, la maison qui fait l'objet de l'extrait dont il s'agit ; qu'ils y tiennent seuls le ménage ; que leur fils n'y est que leur commensal, et n'en occupe que quelques pièces pour son usage et celui de ses bureaux ;

Considérant que les pièces ci-dessus relatées sont revêtues d'une authenticité suffisante pour être admises par l'autorité chargée d'arrêter la liste électorale du département du Nord ;

Considérant qu'il résulte desdites pièces :

1.° Que M. de Bully paie dans le département du Calvados	915 fr.	18 c.
2.° Qu'il paie à Lille une contribution personnelle de	4	30
3.° Que comme locataire de la plus grande partie de la maison qu'il occupe à Lille, département du Nord, il peut justement s'attribuer au moins la moitié des contributions mobiliaires et des portes et fenêtres supportées par ladite maison, laquelle moitié s'élève à	90	91
Total............	1,010	39

Considérant que le *minimum* du cens électoral nécessaire pour figurer sur la liste des Électeurs du Collége départemental, s'élève à la somme de 904 fr. 7 c. ;

Arrêtons que M. de Bully (Charles) est maintenant sur la liste des Électeurs du département du Nord, pour une cote de 1,010 fr. 39 c.

Fait à Lille, le 23 Avril 1828.

Signé, V.te De Villeneuve.

Pour expédition conforme :

Le Secrétaire-général, *Signé*, Wildermeth.

N.° 3.

CONSERVATION DES HYPOTHÈQUES.

Bureau de Caen.

De l'un des registres de transcription d'actes de mutation du bureau des hypothèques établi à Caen, département du Calvados, a été extrait ce qui suit :

Vol. 10, N.° 360. Aujourd'hui 27 Frimaire an XII, a été présenté au bureau l'acte de mutation dont la teneur suit :

« Pardevant Antoine-Charles Duhamel, notaire au département de Seine-et-Oise, à la résidence de Meulan, soussigné, fut présent le citoyen Louis-Barthélemi Bastide, banquier, demeurant à Paris, rue Céruti, N.° 7, division du Mont-Blanc, lequel a, par ces présentes, vendu, a promis et s'est obligé garantir de tous troubles et autres empêchemens généralement quelconques résultant de ses faits et promesses seulement, au citoyen Nicolas Roger, propriétaire, et à dame Marie-Françoise de Bully, son épouse, qu'il autorise à l'effet des présentes, demeurant à Paris, rue de la Loi, à ce présens et acceptant, acquéreurs pour eux, leurs héritiers et ayans-cause, un corps de ferme appelé de Tesnières, situé commune de Noyers, arrondissement de Caen, consistant en bâtimens, cour, jardin, prés, herbages, terres en labour, plant et bois-taillis, tel que le tout est détaillé et énoncé au procès-verbal d'adjudication desdits biens, dressé par les administrateurs du ci-devant district de Caen, les 13 Avril et 16 Mai 1791, au profit du citoyen Gamard qui, par le dernier desdits procès-verbaux, en a passé déclaration au profit des citoyens Pierre-Réné Charron et Jean-Baptiste Chaudot; les bois de réserve situés en la même commune de Noyers, dépendant de la ci-devant abbaye d'Ardennes, en trois pièces, adjugés par procès-verbaux dressés par lesdits administrateurs du ci-devant district de Caen, les 4 et 20 Juin 1791, au profit dudit citoyen Charron, qui, par le dernier desdits procès-verbaux, a déclaré que cette adjudication était tant pour lui que pour ledit citoyen Chaudot qui l'a acceptée, lesdits bois tels et ainsi qu'ils sont désignés auxdits procès-verbaux, et diverses pièces de terre situées commune d'Ouistreham, arrondissement de Caen, détachées et exploitées séparément de la ferme du même lieu et faisant précédemment partie des objets détaillés et énoncés au procès-verbal d'adjudication qui en a été faite au ci-devant district de Caen, les 19 Avril, 5 et 23 Mai 1791, au profit dudit citoyen Charron qui, par le dernier desdits procès-verbaux, a déclaré que ladite adjudication était tant pour lui que pour ledit Jean-Baptiste Chaudot.

» Telles et ainsi d'ailleurs que lesdites pièces de terre ont été abandonnées au citoyen Pierre-Laurent Hainguerlot, aux termes d'un partage passé entre lui comme étant aux droits dudit citoyen Charron et dame Amélie-Thérèse Lantaigne, veuve dudit Jean-Baptiste Chaudot, et le tuteur *ad hoc* des enfans mineurs d'elle et de sondit défunt mari, devant Montaud, qui en a minute, et son collègue, notaires à Paris, le 2 complémentaire an VIII, dûment enregistré; ainsi que lesdits biens se poursuivent, comportent et étendent de toutes parts, avec toutes leurs appartenances et dépendances, ledit citoyen Bastide entendant vendre, et lesdits citoyen et dame Roger acquérir tous les biens, droits et actions généralement quelconques qui peuvent appartenir audit citoyen Bastide dans le département du Calvados, en exécution de l'acquisition que lui-même en a faite du citoyen Pierre-Laurent Hainguerlot, par acte passé devant les notaires à Paris, dont Pérignon, l'un d'eux, a gardé minute, le 28 Pluviôse an XI, enregistré à Paris le 7 Ventôse suivant, le tout sans aucune exception ni réserve.

» Ledit citoyen Bastide est propriétaire desdits biens au moyen de la vente qui leur en a été faite par ledit citoyen Pierre-Laurent Hainguerlot, par l'acte dudit jour 28 Pluviôse an XI, dont la transcription a été faite au bureau de la conservation des hypothèques de l'arrondissement de Caen, le 14 Ventôse an XI, vol. 8, N.° 179; et ledit citoyen Hainguerlot en était lui-même propriétaire, tant comme ayant les droits cédés dudit Pierre-Réné Charron, aux termes d'un acte passé devant Charpentier, qui en a minute, et son confrère, notaires à Paris, le 4 Germinal an III, dûment enregistré, que comme lui ayant été abandonnés par le partage dudit jour 2 complémentaire an VIII, passé entre lui, la veuve et le tuteur *ad hoc* des enfans mineurs de feu Jean-Baptiste Chaudot, devant les notaires de Paris, dont ledit Montaud, l'un d'eux, a gardé minute; le tout ainsi que ledit citoyen Bastide l'a dit et déclaré.

» Pour, par lesdits citoyen et dame Roger, leurs héritiers ou ayans-cause, jouir, faire et disposer de tous les biens, droits et actions présentement vendus, en toute propriété, à compter de ce jour, pour la propriété nue et pour la jouissance réelle, à compter du 1.er Vendémiaire dernier, pour la ferme de Tesnières et bois de réserve de la commune de Noyers, et à compter du 8 du même mois, pour les pièces de terre de la commune d'Ouistreham, et avoir droit en conséquence aux fermages desdits biens représentatifs de la récolte prochaine, et enfin pour les bois, par les coupes de l'ordinaire prochain, et avoir même droit à toutes celles arriérées qui n'auraient point encore été faites, et lesquelles feront partie de la présente vente.

» Cette vente est faite franche et quitte de toutes rentes et redevances quelconques; mais à la charge 1.° de payer les droits auxquels ces présentes donneront ouverture; 2.° de payer l'impôt foncier desdits biens, à compter du 1.er Vendémiaire dernier; 3.° d'exécuter les baux qui peuvent exister d'aucuns desdits biens, si mieux n'aiment lesdits citoyen et dame Roger, en dépossédant les fermiers ou locataires, les indemniser conformément aux lois, s'il y a lieu à indemnité, le tout de manière que ledit citoyen Bastide ne soit à cet égard inquiété, poursuivi ni recherché, à peine de toutes pertes, dépens, dommages et intérêts.

» Et en outre, la présente vente est faite, moyennant le prix et somme de 110,000 francs de prix principal, francs deniers, au vendeur, laquelle somme de 110,000 francs, ledit citoyen Bastide reconnaît lui avoir été payée par les citoyen et dame Roger cejourd'hui, antérieurement à ces présentes, en numéraire, dont quittance. Au moyen des présentes, ledit citoyen Bastide cède et transporte auxdits citoyen et dame Roger, ce acceptant, tous droits de propriété et autres qu'il a et qu'il peut avoir sur lesdits biens, s'en dessaisissant à leur profit, les en saisissant, voulant qu'ils en soient saisis et mis en possession par qui et ainsi qu'il appartiendra, constituant à cette fin pour procureur le porteur donnant pouvoir.

» Lesdits citoyen et dame Roger feront transcrire ces

présentes à leurs frais, dans le plus bref délai possible, au bureau des hypothèques de l'arrondissement de Caen, et si, au moment de ladite transcription, il y a ou survient des inscriptions de créances procédantes du fait dudit citoyen Bastide ou de ses auteurs, ledit citoyen Bastide promet et s'oblige de les faire lever et cesser à ses frais et dépens, et d'en rapporter main-levée et certificat de radiation, aussi à ses frais, auxdits citoyen et dame Roger, dans le mois de la dénonciation qu'ils lui auront fait faire desdites inscriptions, à son domicile ci-après élu; s'obligeant de plus, ledit citoyen Bastide, de garantir lesdits acquéreurs de toutes surenchères, droits de consignation et autres frais extraordinaires, de manière à ce qu'il ne leur en coûte que les simples frais de ladite transcription, sans inscriptions de créances.

»Déclare, ledit citoyen Bastide, qu'il ne lui a été signifié aucune surenchère de la part d'aucuns des créanciers à la charge des inscriptions desquelles a été transcrit, le 14 Ventôse an XI, au bureau des hypothèques de Caen, le contrat d'acquisition dudit jour 28 Pluviôse an XI; ledit citoyen Bastide a présentement remis auxdits citoyen et dame Roger, qui le reconnaissent, 1.° l'expédition en papier de l'acte de vente faite audit citoyen Bastide par ledit citoyen Hainguerlot, le 28 Pluviôse an XI, en marge de laquelle est le certificat de la transcription qui en a été faite au bureau des hypothèques de Caen, le 14 Ventôse an XI; 2.° l'extrait et certificat délivré par le Conservateur des hypothèques de Caen, ledit jour 14 Ventôse an XI, des trois inscriptions hypothécaires, à la charge desquelles ladite transcription a été faite, dont décharge.

»A l'égard de l'expédition ou extrait du transport de droits fait par ledit citoyen Charron audit citoyen Hainguerlot, ledit jour 4 Germinal an III, des procès-verbaux d'adjudication susdatés et du partage fait avec la veuve et les héritiers Chaudot, le 2 complémentaire an VIII, ensemble toutes les quittances de payement du prix desdits biens fait à la nation ès-mains des receveurs des domaines nationaux, et de plus tous les baux desdits biens et documens y relatifs, ledit citoyen Bastide s'oblige de les remettre incessamment auxdits acquéreurs, qui, du consentement dudit citoyen Bastide, sont autorisés à les retirer des mains de toutes personnes qui pourront en être dépositaires.

» Telles sont les conventions des parties qui, pour l'exécution des présentes, font élection de domicile en leurs demeures ci-devant déclarées, auxquels lieux, nonobstant, promettant, etc.; obligeant, etc.; renonçant, etc.

» Fait et passé au fort de Meulan, en l'étude, l'an XII de la république française, le 20 Brumaire, en présence de Victor Dupré, perruquier, et de Philippe Hermier, tailleur d'habits, à Meulan, témoins, qui ont, avec lesdites parties et ledit notaire, signé la minute des présentes, lecture faite. Enregistré à Meulan, le 22 Brumaire an XII de la république française. Reçu 4,840 fr. *Signé* VAILLEGEARD. Expédition, *signé* DUHAMEL, notaire, avec paraphe.

» Le Président du tribunal de première instance du troisième arrondissement du département de Seine-et-Oise, certifie véritable la signature ci-dessus du citoyen Duhamel, notaire à Meulan, et que foi doit y être ajoutée. A Versailles, ce 29 Brumaire an XII de la république. *Signé* AUVRY, avec paraphe. »

Transcrit littéralement sur l'expédition de l'acte par moi, Conserv teur des hypothèques soussigné.

A Caen, cedit jour et an que dessus.

Signé, DEGAND.

Le présent extrait, certifié conforme au registre par

moi, Conservateur soussigné, et délivré à M. Marie, sur sa réquisition, à Caen, le 19 Mars 1828. Reçu 4 fr. pour salaire, et 2 fr. 50 c. pour timbre.

Signé, DEGAND.

Vu pour légalisation de la signature *Degand*, Conservateur des hypothèques de l'arrondissement de Caen, par nous Président du tribunal de première instance séant audit Caen, département du Calvados.

Ce 20 Mars 1828.

Pour empêchement du Président :

Signé, V. MIOCQUE, Juge suppléant.

Par le Président : *Signé*, TAHÈRE, Greffier.

N.° 4.

Pardevant M.ᵉ François Durand et son collègue, notaires à Caen, soussignés, furent présens MM. Edme-Emmanuël Cauvet, propriétaire, demeurant à Caen, place St. Sauveur; Jacques-Félix Delaville, avocat, demeurant à Caen, même place; et Louis-François-Pierre Marie, propriétaire, demeurant à Caen, même place, stipulant en leurs noms personnels et comme se portant forts de MM. Bellamy le jeune, négociant; Moisson fils aîné, négociant; Seigneurie, ancien notaire; Bacot, négociant, et autres, lesquels ayant intérêt à la conservation des pièces ci-après énoncées, et afin d'en délivrer tels extraits ou expéditions dont ils pourraient avoir besoin, ont requis ledit M.ᵉ Durand de les recevoir en dépôt, pour être mises au rang de ses minutes.

La première de ces pièces est une copie conforme de la déclaration passée au bureau de la Délivrande le 3 Juillet 1820, pour l'acquit des droits de mutation de la succession de Nicolas Roger, ancien maire du deuxième arrondissement de Paris, décédé à Cormeille, près Pontoise, le 10 Janvier précédent.

La deuxième est une copie conforme d'une autre déclaration relative à la même succession, et passée au bureau de Villers-Bocage le 5 dudit mois de Juillet 1820, vol. 31, fol. 186 r.°

La troisième et dernière est un extrait en forme délivré par M.ᵉ Beaudet, notaire à Colleville-sur-Orne, d'un procès-verbal par lui dressé en minute, et en présence de témoins, le 3 Juillet 1827, contenant bail à ferme par adjudication, à la requête de M. Cussy, comme s'étant porté fort de M. Fournier-Devillé, de plusieurs pièces de terre situées commune d'Ouistreham.

Pourquoi ces trois pièces ainsi représentées par lesdits comparans, sont demeurées annexées à la minute des présentes, après avoir été par eux contresignées et certifiées véritables en présence des notaires soussignés, dont acte requis et octroyé.

Ainsi fait et passé, l'an 1828, le 26 Mars, à Caen, ès-demeures respectives des comparans, qui ont signé avec les notaires, lecture faite de la minute des présentes, restée audit Me Durand, sur laquelle est écrit : « Enregistré à Caen, le 27 Mars 1828, fol. 180 r.°, c. 5. Reçu 2 fr. 20 c. pour décime.

» *Signé*, BLIN. »

Suit la teneur littérale des pièces déposées et susénoncées :

PREMIÈRE PIÈCE.

(DIRECTION GÉNÉRALE DE L'ENREGISTREMENT ET DES DOMAINES.)

Extrait du registre des déclarations de mutations par décès du bureau de la Délivrande, département du Calvados, du 3 Juillet 1820.

S'est présenté M. Augustin Joron, employé aux lits militaires, demeurant à Caen, rue St. Jean, N.° 246, lequel, au nom et comme porteur des pouvoirs de dame Marie-Geneviève-Françoise de Bully, demeurant à Paris, veuve de M. Nicolas Roger, ancien maire du deuxième arrondissement de Paris, décédé à Cormeille, près Pontoise, le 10 Janvier 1820 ; ladite dame, agissant tant en son nom que pour Eugène-Augustin-Nicolas Roger, son fils mineur, ainsi que le tout résulte de la procuration S. S. P. restée annexée au présent, a déclaré que par le

décès dudit S.r Roger, il est échu à ses héritiers sus-désignés la totalité de sa succession, consistant, pour les biens situés sous l'arrondissement de ce bureau, dans la moitié de la ferme dite la ferme d'Ouistreham, affermée verbalement à M. Canivet, demeurant à Caen, rue du Ham, moyennant 5,346 fr. 75 c., donnant, au denier vingt, un capital de 106,935 fr., dont la moitié, appartenant au défunt comme acquet de communauté, est de 53,467 fr. 50 c., ci .... 53,467 fr. 50 c.
Les trois quarts appartenant au fils sont de 40,100 61
payés à 1 fr. pour 100, 401 fr. 20 c., suivant acte passé devant M.e Fourchy, notaire à Paris, le 4 Prairial an VI.

La veuve a droit à l'autre quart en propriété, plus à un quart en usufruit :

Un quart en propriété............ 13,366 fr. 87 c.
Un quart en usufruit.............. 6,683 44

Total en capital revenant à la veuve... 20,050 31
payé à 3 pour 100, 601 fr. 80 c.

Affirmant, le S.r comparant audit nom, sa déclaration sincère; soumettant la dame constituante aux peines portées par la loi, en cas d'omission ou d'insuffisance d'évaluation, et a signé, lecture faite.

Signé, Joron fils.

Ensuite est écrit :

Suit la copie de la procuration restée annexée à la déclaration ci-dessus littéralement transcrite :

« Je soussignée, Marie-Geneviève-Françoise de Bully, veuve de M. Nicolas Roger, ancien maire, adjoint du deuxième arrondissement de Paris, et membre de la légion d'honneur, demeurant en ladite ville, rue Michel-le-Comte, N.° 21;

» Agissant tant en mon nom personnel, à cause de la communauté de biens qui a existé entre mondit mari et moi, et comme sa donataire à titre universel d'un quart en toute propriété, et d'un autre quart en usufruit seulement, aux termes d'un acte passé devant Me Fourchy et son collègue, notaires à Paris, le 4 Prairial an VI, enregistré, que comme tutrice légale d'Eugène-Augustin-Nicolas Roger, mon fils mineur, et de mon défunt mari, dont il est seul et unique héritier, ainsi qu'il est constaté par l'inventaire fait après le décès, arrivé à Cormeille, près Pontoise, le 10 Janvier dernier, de mon défunt mari, par Me Lombard, notaire à Paris, et son collègue, le 20 Janvier 1820 et jours suivans, enregistré;

» Donne pouvoir à M. Joron (Augustin), de pour moi ès-dits noms, se présenter dans tous les bureaux de l'enregistrement et des domaines, pour y faire la déclaration des droits dus au gouvernement, par suite de la mutation survenue à mon profit et à celui dudit mineur, mon fils, à cause du décès de mondit feu Sr Roger, mon mari, dans les propriétés situées aux terroirs de Tesnières et d'Ouistreham, qui dépendaient de la communauté de biens qui a existé entre ce dernier et moi, payer et acquitter lesdits droits, en retirer quittances, faire toutes déclarations et affirmations, présenter, s'il est nécessaire, tous titres et pièces, me soumettre aux peines encourues en cas de fausse déclaration, signer et émarger tous registres, et généralement le nécessaire pour l'acquittement desdits droits de mutation.

» A Paris, le 9 Mai 1820.

» Bon pour pouvoir.

» *Signée*, M.-G.-F. DE BULLY, V.[e] ROGER.

» Approuvé: » JORON fils. »

Pour copies conformes délivrées par nous, Receveur de l'enregistrement et des domaines soussigné, en vertu de l'ordonnance de M. le Juge-de-paix du canton de

Douvres, en date de ce jour, enregistrée à l'instant et restée en notre possession.

A la Délivrande, le 15 Mars 1828.

Signé, FOLLOPE.

Au-dessous est écrit :

« Vu pour légalisation de la signature *Follope*, Receveur de l'enregistrement et des domaines, au bureau de Douvres, chef-lieu de canton, par nous Président du tribunal de première instance, séant à Caen, département du Calvados.

» Ce 20 Mars 1828.

» *Pour empêchement du Président :*

» *Signé*, V. MIOCQUE, Juge suppléant.

» *Par le Président :* » TAHÈRE, Greffier. »

DEUXIÈME PIÈCE.

Du registre des déclarations des mutations par décès du bureau de Villers-Bocage, a été extrait ce qui suit, du 5 Juillet 1820, vol. 31, fol. 186 r.° :

« A comparu en ce bureau M. Augustin Joron, procurateur de M.me Marie-Geneviève-Françoise de Bully, veuve de M. Nicolas Roger, adjoint à la mairie du deuxième arrondissement de Paris, et membre de la légion d'honneur, demeurant à Paris, rue Michel-le-Comte, N.° 21, suivant acte S. S. P. du 9 Mai dernier, dont l'original de la copie ci-jointe déposé au bureau de la Délivrande le 3 de ce mois, lequel, en sadite qualité, a déclaré que par le décès de M. Roger, arrivé à Cormeille, près Pontoise, le 10 Janvier dernier, il est échu à sa veuve et au S.r Eugène-Augustin-Nicolas Roger, son fils mineur, dont elle est tutrice, les immeubles ci-après détaillés, situés en la commune de Noyers; savoir :

» Une ferme nommée la ferme de Tesnières, consistant

en maison à usage d'exploitation et logement de fermier, contenant environ 120 arpens, dont environ, sous bois et vignots 12 arpens; sous pré, herbages et petits, 35 arpens; et le surplus en terre labourable, affermés verbalement aux Srs Hippolyte et Dominique Le François, pour la somme de 6,625 fr., y compris toutes faisances et impositions, au capital, au denier vingt, de 132,500 fr., dont la moitié seulement dépend de la présente succession, cette ferme ayant été acquise sous le régime de la communauté, ci.................... 132,500 fr. » c.

dont la moitié est de............... 66,250 »

De laquelle moitié la veuve en recueille un quart en toute propriété, et un quart en usufruit seulement, aux termes d'un acte passé devant Me Fourchy, notaire à Paris, le 4 Prairial an VI.

» Un quart en propriété. 16,562 fr. 50 c. } 24,843 fr. 75 c.
» Un quart en usufruit.. 8,281 25 }

» Droit à 3 pour 100................. 745 fr. 80 c.

» Et les trois quarts sont échus au fils unique, et s'élèvent à 49,687 fr. 50 c.

» Droit à 1 pour 100 .... 497 »

» Total des droits......... 1,242 80

» Affirmant, ledit comparant, aux fins de ses pouvoirs, sa déclaration sincère et véritable, sous les peines de droit, et a signé, après lecture faite.

» Joron fils. »

Le présent extrait, conforme au registre délivré par moi, Receveur de l'enregistrement et des domaines, au bureau de Villers-Bocage, à Mme Adèle Picquot, veuve de M. Pierre-François Gallard, demeurant à Caen, d'après l'autorisation de M. le Juge-de-paix de ce canton, étant au bas de la requête à lui présentée, répondue cejourd'hui et enregistrée, restée annexée au registre.

A Villers-Bocage, le 18 Mars 1828.

Signé, Le Boucher.

Au-dessous est écrit :

« Vu pour légalisation de la signature *Le Boucher*, Receveur de l'enregistrement et des domaines, au bureau de Villers-Bocage, par nous, Président du tribunal de première instance séant à Caen, département du Calvados.

» Caen, le 20 Mars 1828.

» *Pour empêchement du Président :*

» V. Miocque, Juge suppléant.

» *Par le Président :* » Tahère, Greffier. »

TROISIÈME ET DERNIÈRE PIÈCE.

L'an 1827, le 3 de Juillet, sur les neuf heures du matin, à Ouistreham, dans une des chambres du S.r Frédéric Cussy, aubergiste.

De la réquisition du S.r Jean-Baptiste-Jacques Cussy, propriétaire et marchand, demeurant commune de Gonneville-sur-Dives, agissant pour M. Pierre-François Fournier-Devillé, propriétaire, demeurant à Paris, rue Saint-André-des-Arts, N.° 63, époux en secondes noces de M.me Marie-Geneviève-Françoise de Bully, veuve de M. Nicolas Roger, et co-tuteur de M. Eugène-Augustin Roger, fils mineur de ladite dame, duquel M. Fournier-Devillé, ledit S.r Cussy, déclare se porter fort.

Il va être procédé par M.e Beaudet, notaire royal, à Colleville-sur-Orne, canton de Douvres, arrondissement communal de Caen, département du Calvados, soussigné, à la bannie, par adjudication et par composition, au plus offrant et dernier enchérisseur, sous le titre de bail à ferme, des terres ci-après indiquées, toutes en labour, excepté un seul objet qui est en herbages, situées dans la commune d'Ouistreham, pour le temps de neuf années non interrompues, qui commenceront au jour St. Michel 1829, et finiront à pareil jour 1838.

Cette bannie a été annoncée au public par affiches mises à Ouistreham, et dans plusieurs autres communes du canton de Douvres.

Les clauses, charges et conditions expresses sous lesquelles la présente opération va avoir lieu, sont :

Premièrement. Les preneurs sont et demeurent obligés de conserver les possessions des terres qui vont leur être affermées, de manière qu'il n'y soit fait aucune usurpation.

Secondement. Les preneurs qui auront des propriétés riveraines de celles dont il s'agit, seront tenus de faire placer des devises, afin de les reconnaître les unes des autres, et ce en présence du S.r Cussy.

Troisièmement. Les preneurs seront tenus de vareter, accompoter et semer lesdites terres, suivant l'usage du pays, et de les fumer et engraisser en temps et saison.

Quatrièmement. Ils seront tenus de fournir à la première réquisition verbale du bailleur ou de son mandataire, bonne et valable caution, qui devra s'obliger solidairement et indivisément avec eux par acte notarié à leurs frais, au payement et exécution de tout le contenu en ces présentes, parce qu'à défaut d'y satisfaire et de payer le prix de leurs fermages au plus tard un mois après chaque échéance, le bailleur sera libre de reprendre les terres aux défaillans sans aucune forme de procès, et sans être préjudicié à poursuivre le payement de ce qui lui sera alors dû.

Cinquièmement. Les preneurs ne pourront prétendre ni demander aucune indemnité pour cause de grêle, nuile, sécheresse, inondation et autres cas fortuits et non prévus.

Sixièmement. Ils vont être tenus en outre, et par-dessus le prix de leurs locations, de payer, en signant leurs articles aux mains dudit S.r Cussy, 20 centimes par chaque franc du prix de leurs fermages, pour le vin de la présente.

Septièmement. Ils paieront, tous les ans, leurs fermages aux termes de Noël et St. Jean-Baptiste : premier payement, de moitié, le jour de Noël 1830, et le second, pour l'autre moitié, le jour de St. Jean-Baptiste en suivant, entre les mains du bailleur ou de ses préposés, soit à Caen, soit à Ouistreham, et ainsi de suite d'année en année, jusqu'à l'expiration de leur jouissance.

Huitièmement. Lesdites terres sont louées à raison de quarante-huit ares soixante-deux centiares, représentant quatre-vingts perches de vingt-quatre pieds (pied de douze pouces), les impositions demeurant à la charge du bailleur.

Neuvièmement. Les preneurs et leurs cautions sont et demeurent dès à présent obligés par corps et biens au payement et exécution de la présente.

Dixièmement. Dans le cas où la réparation des chemins reviendrait à la charge des propriétaires, les fermiers seront tenus de les entretenir chacun en droit soi, soit qu'ils bornent, buttent ou traversent lesdites terres.

Onzièmement. Ne pourront, les preneurs, donner, lors de leurs payemens, plus d'un quarantième de monnaie de cuivre.

Douzièmement. Les signataires du même article seront solidaires entre eux, sans division ni discussion.

Treizièmement. Aucun des preneurs ne pourra céder à qui que ce soit, en tout ou partie, le droit aux articles qui vont lui être affermés, sans le consentement exprès et par écrit du bailleur. En cas de contravention à cette clause, le locataire qui aura cédé ou échangé, sera déchu de son droit, et la bannie résiliée à son égard, si bon semble au propriétaire.

Quatorzièmement. Au cas de vente par le bailleur, les acquéreurs pourront évincer les fermiers des terres vendues, en les avertissant un an d'avance, et en leur payant une indemnité qui demeurera fixée à une année de fermage.

Quinzièmement. Les preneurs ne pourront, pendant les deux dernières années de jouissance, ensemencer ou planter en colza aucune partie des terres.

Seizièmement. Lesdits preneurs paieront les frais et droits de la présente, chacun au marc le franc de leurs fermages, et en délivreront une grosse au bailleur.

Dix-septièmement enfin. Les preneurs se souffriront réciproquement des passages les uns sur les autres par les endroits les plus courts, sans pouvoir se demander la moindre indemnité : ils les exerceront à moins de dommage possible. Ces passages ne leur sont toutefois imposés qu'autant qu'il ne s'en trouverait pas d'anciens, quoiqu'éloignés des biens à bannir.

De tout ce qui précède, le notaire soussigné a donné lecture à haute et intelligible voix à un grand nombre de personnes venues aux fins de la présente bannie, à laquelle il a été effectivement procédé comme et ainsi qu'il suit, en observant que les preneurs ne pourront assujétir le bailleur à leur fournir la contenance qui va être indiquée à chaque objet, le plus ou le moins étant à leur profit ou à leur perte.

Des articles de cette bannie est extrait celui-ci :

Article douzième. Vingt-six ares quinze centiares, ou deux vergées trois perches (Delle du Pré de pierre), joignant d'un côté M. Guilbert, d'autre André Le Chevalier et autres, d'un bout le S.r bailleur, d'autre le chemin de Colleville ; adjugés pour 55 francs au

Sr Baptiste Letellier, cultivateur, demeurant à Ouistreham, ce qu'il a signé après lecture faite.

Signé, LETELLIER. Fol. 40 v.°, c.

Enregistré à la Délivrande, le 16 Juillet 1827. Reçu 75 c., décime compris.

Signé, DESMOUTIERS.

Clôture, et vu qu'il est huit heures du soir et qu'il reste des biens à bannir, la continuation de la présente est renvoyée au jour qu'il plaira au Sr Cussy d'indiquer par de nouvelles affiches, dans l'intérêt de M. Fournier.

Les articles bannis se montent à 3,982 francs.

De tout quoi acte requis et octroyé.

Fait et passé en présence des Srs François-Michel-Adrien d'Arbonnet, officier de santé, demeurant à Ouistreham, et Michel Legentil, propriétaire, demeurant à Colleville, témoins, qui ont signé la minute des présentes, avec M. Cussy et le notaire, après lecture faite.

Extrait délivré en ce qui le concerne, à M. Letellier, et de sa réquisition par le notaire soussigné, cejourd'hui 20 Mars 1828.

Signés, DURAND et DELACORDRE, Notaires.

Vu pour légalisation des signatures *Durand* et *Delacordre*, Notaires en cette ville, par nous, Président du tribunal de première instance séant à Caen, département du Calvados.

Ce 27 Mars 1828.

Par le président : *Signé*, TAHÈRE.

Par empêchement du Président :

Signé, MIOCQUE, Juge suppléant.

N.° 5.

L'an 1828, le 25 Mars, j'ai, Isidore-François Marais le jeune, huissier audiencier près la Cour royale de Caen, reçu et immatriculé près le tribunal dudit lieu, demeurant audit Caen, rue aux Namps, N.° 8, patenté N.° 74, soussigné, à la requête de MM. Fils, Pierre Moisson, négocians, demeurant à Caen, rue Guilbert; Jean-Baptiste Bonnaire, fabricant de blondes, président du tribunal de commerce de terre et de mer de la ville de Caen, y demeurant rue Neuve-des-Carmélites; Bellamy le jeune, négociant, demeurant à Caen, rue Notre-Dame; Bacot, juge suppléant au tribunal de commerce, demeurant audit Caen, place Royale; Cauvet, propriétaire, demeurant à Caen, place St. Sauveur; Jean-Louis Seigneurie, propriétaire, demeurant à Caen, rue Geole, et Louis-François-Pierre Marie, aussi propriétaire, demeurant à Caen, place St. Sauveur, N.° 40, chez lequel les requérans font élection de domicile, à l'effet de la présente;

Dit et déclaré à M. Aubelin, directeur des contributions directes du département du Calvados, demeurant à Caen, rue du Quai Vendœuvre, en son domicile, audit lieu, où étant et parlant à mondit S.r Aubelin, lequel a visé le présent original, après midi, sous les observations, en son visa, que jeudi soir 20 de ce mois, lesdits requérans ont fait remettre à mondit S.r Aubelin une lettre ainsi conçue:

« Caen, le 20 Mars 1828.

» *Les soussignés, Propriétaires, Électeurs de l'arrondissement de Caen, domiciliés à Caen,*

» *A M. le Directeur des contributions du département du Calvados.*

» Monsieur,

» Il résulte des extraits des matrices des rôles de la contribution foncière des communes de Noyers et d'Ouistreham, ci-joints, délivrés, savoir : celui de Noyers, par le percepteur, et celui d'Ouistreham, par vous, que M. Nicolas Roger, ancien receveur-général du département de l'Aisne, et adjoint à l'une des mairies de Paris, était imposé, en 1820, sous les noms et prénoms, au rôle de la contribution foncière des deux communes ci-dessus.

» M. Roger, décédé en 1820, dans la commune de Cormeille, près Pontoise.

» En 1821, quoique décédé, M. Roger continua d'être imposé de la même manière que les années précédentes.

» En 1822, il s'opéra un changement dans sa cotisation.

» On voit dans les extraits que nous produisons à l'appui de la présente, que sa cotisation, pour cette dernière année, s'est ouverte sous les noms collectifs de M.me V.e Nicolas Roger et de M. Charles-Joseph-Augustin de Bully, payeur-général du département du Nord, chacun pour moitié, d'où l'on serait fondé à conclure que la moitié de la propriété précédemment imposée sous le nom de M. Roger, serait passée dans les mains de M. de Bully, son beau-frère, à un titre quelconque; mais la mutation n'a pu être opérée sans la production du titre qui le rendait propriétaire.

» La loi est formelle à cet égard. Celle du 2 Messidor an VII, titre I.er, art. 1.er, pose en principe que toute *propriété foncière* doit être imposée sous le nom du propriétaire *actuel*, sauf le cas prévu par l'art. 36 de la loi du 3 Frimaire an VII, relative à la répartition de la contribution foncière.

»Si le cas prévu par cet art. 36 de la loi précitée est arrivé pour la cote de feu M. Roger, voyons à quoi étaient soumises les parties intéressées dans la mutation et les administrations qui devaient l'opérer pour rendre cette mutation régulière, lui donner les caractères voulus par les lois.

»L'art. 35 de la loi du 3 Frimaire a prescrit l'ouverture d'un registre pour inscrire les mutations de propriété, et l'art. 36 porte que la note de chaque mutation de propriété sera inscrite « au livre des mutations, à la diligence des » parties intéressées. Elle contiendra la désignation pré- » cise de la propriété ou des propriétés qui en seront » l'objet, et il sera dit la mutation sise opérée.

»Tant que cette note n'aura point été inscrite, l'an- » cien propriétaire continuera d'être imposé au rôle, et » lui ou ses héritiers naturels pourront être contraints » au payement de l'imposition foncière, sauf leur recours » contre le nouveau propriétaire. »

»Voilà la loi; elle a voulu de la fixité dans les matrices de rôles, et tant que les parties intéressées ne requièrent pas de changement, et tant qu'elles ne justifient pas de titres qui motivent ce changement, nul n'a le droit de changer, d'augmenter, de diminuer, de partager un article de matrice de rôle foncière.

»M. Roger était décédé : tant que ses héritiers naturels ne venaient pas avec des titres réclamer le partage de sa cote foncière, cette cote devait rester la même, et cependant on en a attribué une moitié à M. de Bully, sans lui ouvrir un article, sans dire de quoi se composait cette moitié; d'où semble sortir la conséquence qu'il aurait lors de la mutation produit un titre, duquel il résultait qu'il était propriétaire de la moitié des biens que possédait feu son beau-frère dans les communes de Noyers et d'Ouistreham, et qu'il en jouissait *indivisément* avec sa sœur, veuve de M. Roger.

» Sans la production de ce titre, qui aurait osé porter la main sur la matrice du rôle, altérer et changer cette matrice, créer un propriétaire et lui conférer des droits politiques que les Français se montrent si empressés d'acquérir et si jaloux de conserver?

» Et pourtant qu'on s'adresse aux mairies, nulles traces de la mutation ni des titres qui l'ont motivée : mais vous refusez d'en délivrer des copies certifiées.

» Et pourquoi?

» Avant de combattre les raisons que vous avez de vous refuser de nous donner les copies certifiées des états de mutations en vertu desquels la direction des contributions s'est crue autorisée et sans doute très-fondée à changer l'article de feu M. Roger, et à en attribuer moitié à M. de Bully, frère de cette veuve, nous vous prions, Monsieur, de nous délivrer, de la réquisition formelle que nous en faisons, les copies certifiées de l'état de mutations des communes de Noyers et d'Ouistreham, à l'article de M. Roger; ou, en cas de refus, de déduire les raisons qui, d'après vous, s'opposent à ce que vous fassiez cette délivrance.

» Nous avons l'honneur d'être, Monsieur, vos très-humbles et très-obéissans serviteurs,

» *Signés*, MARIE, BELLAMY le jeune, N. MOISSON, Pierre LE CAVELIER, BONNAIRE, BACOT, CAUVET. »

RÉPONSE A L'ADRESSE DE L'UN DE NOUS.

M. MARIE, *place St. Sauveur*, *N.*° 40.

Que la demande contenue dans la lettre qui précède était claire, précise et positive; que M. le directeur devait y obtempérer sur-le-champ, et délivrer la pièce qu'ils réclamaient; que cependant les requérans lui ayant fait demander par une personne envoyée exprès vers lui hier matin, avant midi, la réponse à leur lettre ci-dessus rapportée, M. le directeur s'est contenté de dire qu'il n'était pas en mesure, réponse qui équivaut à un refus, puisqu'un directeur des contributions, gardien et dépositaire des matrices de rôles d'un département, doit être prêt tous les jours, et à toute heure, à communiquer lesdites matrices de rôles, sans déplacement, à tout citoyen qui requiert cette communication; même à donner copie des articles qu'il demande, en payant 6 centimes par article, conformément à la loi du 18 Prairial an V (1797), art. 17.

Que les requérans ne croient pas qu'il soit besoin de répondre à une objection verbalement apportée à leur demande par M. le directeur des contributions, qu'un état de mutations n'est pas une matrice de rôle, et que si les directeurs doivent la délivrance des extraits de matrice de rôle, ils ne doivent pas la délivrance d'extraits des états de mutations. Sérieusement faite, cette réponse de la part de M. le directeur des contributions laisserait penser ou qu'il est nouvellement arrivé à une direction, ou que jusqu'ici il n'aurait pas pris la peine d'étudier les caractères d'un état de mutations et des effets qu'il produit. Un état de mutations fait corps avec la matrice principale, il en fait partie intégrante, il devient matrice lui-même pour les articles qu'il renferme; il a pour effet de modifier ou d'étendre les cotisations précédentes, de substituer de nouveaux propriétaires aux anciens propriétaires, conséquemment d'en créer de nouveaux, de les appeler au payement des charges de l'état et, depuis notre charte constitutionnelle, de conférer à ces nouveaux propriétaires les droits d'électeurs et d'éligibles à la représentation nationale.

Et d'après M. le directeur, les états de mutations seraient des pièces d'administration dont les citoyens ne pourraient se procurer ni la communication, ni en obtenir des copies.

Cette prétention de la part de M. le directeur des contributions est une erreur, pour ne rien dire de plus.

Pourquoi sommation lui est faite par la présente d'obtempérer à la demande que les requérans lui ont adressée le 20 de ce mois, quoique faisant de leur délivrer aux charges de droit la copie certifiée de l'état de mutations qui, en 1822, a autorisé la direction des contributions à changer l'article de la matrice de rôle de la contribution foncière, des communes de Noyers et d'Ouistreham, arrondissement de Caen, précédemment ouvert dans ses matrices sous le nom de M. Nicolas Roger ou de sa veuve, et à partager l'article dont il s'agit en deux portions égales, dont moitié a été attribuée à Mme V.[e] Nicolas Roger, et l'autre moitié à M. Charles-Augustin de Bully, son frère, ancien payeur du département du Nord; et à défaut de consentir à cette délivrance, sommation lui est faite de déduire à l'instant les motifs qu'il apporte pour s'y refuser, lui déclarant qu'en cas de refus, les requérans se pourvoiront devant les autorités supérieures pour faire juger leur demande à bonne cause.

Sous toutes réserves, à laquelle fin j'ai, à mondit Sr Aubelin, signifié et laissé autant du présent sur quatre rôles de papier timbré, cotés et paraphés, parlant comme dessus, le dernier rôle en blanc.

Coût, 2 francs 25 centimes pour droit d'original et de copie.

Signés, Marie, Bellamy le jeune, Fils, Pierre Moisson le jeune, Pierre Le Cavelier, Jean-Baptiste Bonnaire, Marais.

Vu et reçu la copie, observant qu'il n'a pas cru devoir donner les extraits de mutations demandés, sans préalablement y être autorisé par l'autorité compétente.

A Caen, le 25 Mars 1828.

Le Directeur des contributions directes,

Signé, Ch.er AUBELIN.

Vu pour légalisation de la signature de M. Aubelin, directeur des contributions directes.

Caen, le 31 Mars 1828.

Pour M. le Préfet du Calvados :

Le Secrétaire-général,

Signé, Ch. DE MONTLIVAULT.

Enregistré à Caen, le 26 Mars 1828. Reçu 2 fr. 25 c.

Signé, VIEL.

N.° 6.

DÉPARTEMENT DU CALVADOS.

DIRECTION DES CONTRIBUTIONS DIRECTES.

COMMUNE DE NOYERS, ARRONDISSEMENT DE CAEN.

Caen, le 8 Avril 1828.

Extrait des matrices générales des contributions directes, de la commune de Noyers, arrondissement de Caen.

ANNÉE 1821.

Art. 312. M. Roger (Nicolas), à Paris, pour un revenu foncier de 2,099 fr. 75 c.

Est imposé, pour l'année 1821, à.................	1,181 fr. 88 c.		1,206 fr. 67 c.
Pour une porte cochère..	3	54	
Pour seize ouvertures...	21	25	

ANNÉES 1822 ET 1823.

Art. 324. M.me Roger, veuve de Nicolas, à Paris, et M. de Bully (Charles-Joseph-Augustin), payeur-général du département du Nord, chacun pour moitié, pour un revenu foncier de 2,099 fr. 75 c.

Sont imposés, pour les années 1822 et 1823, à...	2,235 fr.	37 c.	2,284	96
Pour une porte cochère..	7	8		
Pour seize ouvertures...	42	51		
Total..........			3,491	63

Le Directeur des contributions directes du département du Calvados, certifie exact le présent extrait des matrices de rôles de la commune de Noyers, pour les années 1821, 1822 et 1823.

Caen, le 8 Avril 1828.

Signé, Ch.er AUBELIN.

Vu et légalisé.

Caen, le 10 Avril 1828. *Le Secrétaire-général,*

Signé, Ch. DE MONTLIVAULT.

Caen, le 7 Avril 1828.

De l'état des mutations pour l'année 1822, de la commune de Noyers, arrondissement de Caen, arrêté et signé par MM. les Maire et Répartiteur le 18 Décembre 1822, certifié par MM. les Contrôleur et Percepteur ledit jour, a été extrait ce qui suit, savoir :

Que l'art. 212 de la matrice générale, année 1821, sous le nom de M. Roger (Nicolas), pour un revenu foncier de 2,099 fr. 75 c., sera porté dans la matrice générale de l'année 1822, sous les noms de M.me V.e Roger et de Bully (Charles-Joseph-Augustin), art. 324, pour le même revenu de 2,099 fr. 75 c.

A l'appui de l'état de mutations susdit est joint un certificat, dont copie littérale est ci-après :

« Je soussigné, Marie-Geneviève-Françoise de Bully, » veuve de M. Nicolas Roger, demeurant à Paris, rue de » Brucy, N.° 8, certifie de nouveau, par continuation de » mes déclarations déposées à la municipalité de Lille, » au mois de Septembre 1820, que M. Charles-Joseph-» Augustin de Bully, mon frère, payeur-général du » département du Nord, à la résidence de Lille, est » conjointement propriétaire avec moi, et par indivis, » des immeubles situés dans les communes de Noyers et

» d'Ouistreham, département du Calvados, et qu'il a » droit pour moitié auxdites propriétés.

» J'approuve, en conséquence, qu'il adresse tant pour » moi que pour lui des réclamations à M. le Préfet du » département du Calvados, à l'effet d'obtenir que les » articles des rôles des contributions relatifs aux pro- » priétés ci-dessus désignées soient rectifiés, et qu'ainsi » au lieu d'être comprises dans la matrice générale sous » le nom seul de mon défunt mari, elles le soient sous le » mien et sous celui dudit S.r de Bully, mon frère, et » à chacun pour moitié.

» A Paris, le 11 Juin 1822.

» Approuvé l'écriture ci-dessus.

» *Signée*, V.e ROGER, née DE BULLY.

» Vu par nous, Maire du septième arrondissement de » Paris, pour légalisation de la signature de dame V.e Roger, » née de Bully, apposée au bas du certificat d'autre part.

» A Paris, le 12 Juin 1822.

» *Signé*, PÉAN.

» Vu pour légalisation de la signature de M. Péan, » maire du septième arrondissement, apposée ci-dessus.

» Paris, le 12 Juin 1822.

» *Le Conseiller d'état Préfet,*

» *Signé*, CHABROL.

» Le Directeur des contributions directes du départe- » ment du Calvados, certifie exact le présent, délivré à » Caen, le 7 Avril 1828.

» *Signé*, Ch.er AUBELIN.

» Vu pour légalisation de la signature de M. Aubelin, » directeur des contributions directes du département » du Calvados.

» Caen, le 8 Avril 1828.

» *Le Secrétaire-général de la préfecture,*

» *Signé*, Ch. DE MONTLIVAULT. »

Caen, le 8 Avril 1828.

Extrait des matrices générales des contributions directes de la commune d'Ouistreham, arrondissement de Caen.

ANNÉE 1821.

Art. 307. M. Roger, à Paris, pour un revenu foncier de 3,987 fr. 79 c., est imposé, pour l'année 1821, à............ 773 fr. 10 c.

ANNÉES 1822 ET 1823.

Art. 101. M. de Bully et dame Roger, chacun pour moitié, pour un revenu foncier de 3,987 fr. 79 c., sont imposés, pour 1822 et 1823, à...................... 1,645 20

Total........... 2,418 30

Le Directeur des contributions directes du département du Calvados, soussigné, certifie exact le présent extrait des matrices de rôles de la commune d'Ouistreham, pour les années 1821, 1822 et 1823.

Caen, le 8 Avril 1828.

Signé, L. V. AUBELIN.

Vu et légalisé.

Caen, le 10 Avril 1828.

Le Secrétaire-général,
Signé, Ch. DE MONTLIVAULT.

Caen, le 7 Avril 1828.

Extrait d'une feuille de déclaration de mutation, annexée aux états de mutation de propriété foncière, pour l'année 1822, *de la commune d'Ouistreham, arrondissement de Caen.*

Je soussigné, Maire de la commune d'Ouistreham, certifie, *d'après la déclaration qui m'en a été faite par M. Ch. de Bully,* que les parcelles portées dans la matrice cadastrale, au nom de Mme Ve Roger, à Paris, art. 492; année 1821, devront l'être, en 1822, aux noms de M. de Bully et de ladite dame Roger, article nouveau, *lesquels en sont devenus propriétaires à titre d'acquisition par indivis.*

Délivré par moi, Maire de la commune d'Ouistreham, ce 24 Juillet 1822.

Signé, ROLLAND.

Certifié véritable par moi dénommé ci-dessus, ce 24 Juillet 1822.

Signé, Ch. DE BULLY.

Vu, vérifié et certifié exact par le Contrôleur soussigné.

Signé, LE BESNEROIS.

Le Directeur des contributions directes du département du Calvados, soussigné, certifie exact le présent extrait, et fait observer que le montant de l'art. 492 rélaté ci-dessus est inscrit à la matrice cadastrale, fol. 123, pour un revenu total de 3,987 fr. 79 c.

Caen, ce 7 Avril 1828.

Le Directeur,
Signé, AUBELIN.

Vu pour légalisation de la signature de M. le Ch.^{er} Aubelin, directeur des contributions du département du Calvados.

Caen, ce 8 Avril 1828.

Le Secrétaire-général de la préfecture,
Signé, Ch. DE MONTLIVAULT.

N.° 7.

CONSERVATION DES HYPOTHÈQUES.

Le Conservateur des hypothèques au bureau de Caen, département du Calvados, soussigné, certifie que depuis le 27 Frimaire an XII jusqu'à ce jour, il n'a point été transcrit audit bureau d'actes de mutations consentis par dame Marie-Geneviève-Françoise de Bully, veuve de M. Nicolas Roger, adjoint à la mairie du deuxième arrondissement de Paris, et M. Eugène-Nicolas Roger, son fils, mineur, à M. Charles-Joseph-Augustin de Bully, frère de M.me Roger ci-devant nommée, des immeubles situés tant à Noyers qu'à Ouistreham, arrondissement de Caen.

En foi de quoi le présent a été délivré à Caen, le 8 Avril 1828.

Reçu 1 fr. 35 c. pour salaire et timbre.

Signé, DEGAND.

Vu pour légalisation de la signature *Degand*, Conservateur des hypothèques au bureau de Caen, apposée ci-dessus, par le Président du tribunal civil séant à Caen, département du Calvados.

Caen, le 10 Avril 1828.

Signé, ROGER, Juge.

Par le Président :

Signé, GUILBERT.

N.° 8.

De l'inventaire dressé après le décès de M. Pierre-François Gallard, en son vivant percepteur des contributions directes pour la réunion de Benouville, domicilié à Ouistreham, par M.e François Durand, l'un des notaires à Caen, soussigné, et son collègue, le 28 Juin 1827 et jours suivans, enregistré ainsi qu'il suit : « Enregistré à Caen, » le 7 Juillet 1827, fol. 140 v.°, c. 7. Reçu 10 fr. et 1 fr. » pour décime. *Signé*, Blin. »

A la requête de M.me Adèle Picquot, veuve dudit S.r Gallard, demeurant à Caen, rue du Puits-ès-Bottes, N.° 11, où résidait feu S.r son mari.

Ayant stipulé : 1.° en son nom personnel, tant comme créancière de la succession dudit feu S.r son mari, pour raison de ses reprises, créances et conventions matrimoniales résultant de leur contrat de mariage passé devant M.e Pfistre - Duvant, prédécesseur de M.e Durand, l'un des notaires soussignés, et son collègue, le 2 Août 1821, enregistré, que comme habile à recueillir l'effet de la donation en usufruit contenue audit contrat de mariage, et à cause de la communauté de biens qui a existé entre elle et son mari, aux termes du contrat précité; laquelle communauté elle s'est réservée d'accepter ou de répudier, suivant qu'elle jugerait ultérieurement convenable;

2.° Et en qualité de tutrice naturelle et légale de D.elle Marie-Anaïs-Adèle Gallard, âgée de quatre ans deux mois, et Françoise-Adélaïde-Emma Gallard, âgée de trois ans et demi, ses deux filles, issues de son mariage avec ledit feu S.r Gallard.

Et en présence de M. Pierre Gallard, propriétaire, demeurant à Caen, place Saint-Gilles,

Ayant stipulé en qualité de subrogé-tuteur desdites mineures Gallard, ses petites-filles, nommé à cette qualité, qu'il a acceptée par délibération des parens et amis desdites mineures réunis en conseil de famille, reçu et présidé par M. Verrier, juge-de-paix du canton-est de la ville de Caen, assisté de son greffier, le 14 Juin 1827, enregistré.

Lesdites mineures Gallard habiles à se dire et porter seules héritières, chacune pour moitié de mondit feu S.r Pierre-François Gallard, leur père.

Il appert :

1.° Que les cotes 5 et 6 des papiers inventoriés ont été analysées ainsi qu'il suit :

Un registre couvert en parchemin, qui servait à feu M. Gallard à inscrire le compte des fermiers de M. le baron Fournier-Devillé, dont M. Gallard était le régisseur. Ce registre contient des écritures sur les quarante-huit premiers feuillets; le quarante-neuvième, jusques et y compris le soixantième, sont en blanc. Le soixantième est écrit sur les trois quarts environ du recto. Le surplus du registre est en blanc. Les seuls feuillets écrits ont été cotés et paraphés par ledit M.e Durand, après que les blancs existant sur ces feuillets furent bâtonnés. Et ledit registre a été inventorié comme pièce unique de la cote 5, ci. . . . . cinquième.

Item, vingt-trois pièces qui sont toutes relatives à ladite gestion, et qui consistent en notes, correspondances, comptes arrêtés et reçus. On voit par le dernier compte, qu'au 22 Mars 1827 M. Gallard redevait à M. Fournier-Devillé 670 fr. 95 c., et par la dernière pièce de ladite cote, il résulte que le lendemain 23 Mars, M. Fournier a reçu de M. Gallard 1,000 fr., à valoir sur ses fermages. Toutes ces pièces ont été cotées et paraphées par Me Durand, notaire, et inventoriées sous la cote 6, ci........ sixième.

2.° Et que Mme V.[e] Gallard a déclaré qu'il était réclamé contre lesdites successions et communautés, par M. Fournier-Devillé, le compte de recettes que M. Gallard a faites pour lui depuis le dernier réglement de compte.

Extrait de la minute dudit inventaire, pour M. Gallard, subrogé-tuteur, de sa réquisition expresse, par Me François Durand, l'un des notaires à Caen, soussignés.

Signés, Bellivet, A. Durand.

Vu pour légalisation de la signature de MM. Durand et Bellivet, notaires en cette ville, par nous, Président du tribunal civil séant à Caen.

Caen, ce 23 Mars 1828.

Pour empêchement du Président:

Signé, Simon, Juge suppléant.

Par le Président:

Signé, Tahère, Greffier.

N.° 9.

CONSERVATION DES HYPOTHÈQUES.

État de toutes les inscriptions subsistantes au bureau de Lille, contre M. Esprit-Charles-Gabriël de Bully *fils, payeur de la guerre, à Lille.*

(Vol. 141, N.° 99.)

Du 24 Mai 1824, bordereau d'inscription au profit du trésor public, pour lequel domicile est élu en la préfecture du département du Nord,

Contre M. Esprit-Charles-Gabriël de Bully, payeur du département du Nord, demeurant à Lille, à fin de sûreté de privilége et hypothèques du trésor public, résultant de la gestion dudit.

La présente inscription est requise par le Receveur de l'enregistrement soussigné, en exécution de la loi du 5 Septembre 1807, en conséquence d'un acte passé devant M.e Doyen, notaire en cette ville, le 20 Avril courant, enregistré le 23, portant vente par le S.r Joseph-Antoine-Thomas Planès, propriétaire à Lille, demeurant actuellement à Paris, au profit dudit S.r de Bully, d'une maison rue Royale, N.° 106, moyennant 50,000 fr. payés comptant.

Fait triple, à Lille, le 24 Avril 1824.

Le Receveur de l'enregistrement,
Signé, LECONTE.

Le Conservateur : *Signé,* PIÉRON.

Lille, le 28 Avril 1824.

Envoyé un bordereau de la présente inscription à M. le procureur du roi près le tribunal civil de Lille.

Envoyé également un autre bordereau à M. l'agent royal, à Paris, le tout en conformité de l'art. 7 de la loi du 5 Septembre 1807.

Le 1.er Mai 1824.

Accusé de réception du bordereau d'inscription par M. le procureur du roi près le tribunal civil de Lille.

Le 12 Mai 1824.

Accusé de réception du bordereau d'inscription par M. le maître des requêtes, agent judiciaire du trésor royal, à Paris, lettre N.° 7.

(Vol. 155, N.° 140.)

Du 19 Janvier 1826, ministère du trésor, bureau de Lille, bordereau d'inscription au profit du trésor royal, pour lequel domicile est élu à la préfecture du département du Nord, contre M. Esprit-Charles-Gabriël de Bully, payeur du trésor royal du département du Nord, demeurant à Lille, à fin de sûreté de privilége et hypothèques du trésor royal, résultant de la gestion dudit S.r de Bully; la présente inscription requise par le Receveur de l'enregistrement soussigné, en exécution de la loi du 5 Septembre 1807, en conséquence d'un acte passé devant M.e Defontaine, notaire en cette ville, le 16 courant, enregistré cejourd'hui, portant vente par André-Aimé Charvet et César-Vindicien-Joseph Fevez, tous deux négocians à Lille, au profit du susdit S.r de Bully, de 1 hectare 1 are 89 centiares (1150 verges) de bois-taillis, à Loos.

Fait triple, à Lille, le 18 Février 1826.

Signé, LECONTE.

Le Conservateur : *Signé*, PIÉRON.

Le Conservateur certifie en outre qu'il n'existe aucune inscription contre M. Charles-Joseph-Augustin de Bully père.

Fait et délivré à Lille, le 29 Février 1828.

Signé, PIÉRON.

Reçu pour timbre, 70 c.; honoraires, 3 fr. Total, 3 fr. 70 c.

Nous, Juge au tribunal civil de Lille, pour le Président empêché, certifions que M. Piéron, qui a signé l'état ci-dessus, est Conservateur des hypothèques au bureau de Lille.

Lille, le 13 Mars 1828.

Signés, Ét. LEJOSNE, LEROY.

N.° 10.

Je soussigné, Receveur de l'enregistrement des actes civils à Lille, certifie que M. Esprit-Charles-Gabriël de Bully, payeur de la guerre, à Lille, a acquis de M. Planès, propriétaire à Paris, une maison ayant ci-devant son entrée rue Royale, et actuellement rue Dauphine, en cette ville, selon contrat passé devant M.e Doyen, le 13 Avril 1824, enregistré le 23; que, depuis cette époque, il n'a été enregistré dans mon bureau aucun acte qui ait transmis cette propriété soit à M. de Bully père, soit à tout autre, et qu'aucun bail enregistré ne m'a fait connaître que M. de Bully fils ait loué tout ou partie de sa maison.

En foi de quoi j'ai délivré le présent à M. Leleux, imprimeur à Lille, qui l'a requis en vertu d'une ordonnance de M. Meurisse fils, juge-de-paix du canton-sud de Lille, rendue conformément à l'art. 58 de la loi du 22 Frimaire an VII.

Lille, le 14 Mars 1828.

Signé, LECONTE.

Légalisation de la signature de M. Leconte par M. le comte de Muyssart, maire de la ville de Lille.

Légalisation de la signature du Maire de Lille par le Préfet du Nord.

Les deux légalisations sont du 14 Mars 1828.

N.° 11.

DÉPARTEMENT DU NORD.

VILLE DE LILLE.

TROISIÈME ARRONDISSEMENT DE PERCEPTION.

Extrait du rôle général des contributions directes de l'an 1827.

(Art. 3271. Rue Royale, N.° 105.)

M. de Bully (Charles), exerçant la profession de demeurant est imposé audit rôle comme il suit :

		fr.	c.
Contribution foncière		»	»
Portes et fenêtres		»	»
PERSONNELLE ET MOBILIAIRE.			
Cote personnelle	4 fr. 30 c.	4	30
Cote mobiliaire	» »		
Patente		»	»
Frais d'avertissement		»	5
Total		4	35

Le présent extrait, dont le total monte à 4 fr. 35 c., est certifié conforme au rôle.

A Lille, le 27 Février 1828.

Le Percepteur,

Signé, CARION.

Légalisé par M. le Maire, le 28 Février 1828.

Légalisé par M. le Préfet, le 13 Mars 1828.

DÉPARTEMENT DU NORD.

VILLE DE LILLE.

TROISIÈME ARRONDISSEMENT DE PERCEPTION.

Extrait du rôle général des contributions directes de l'an 1827.

(Art. 3270. Rue Royale, N.° 105.)

M. de Bully, payeur du département, est imposé audit rôle comme il suit :

CONTRIBUTION FONCIÈRE.

Propriété non bâtie et bâtie...........			12 fr.	65 c.
PORTES ET FENÊTRES.				
Une porte cochère, charretière et de magasin.........	13 fr.	6 c.	78	36
Cinquante portes et fenêtres de rez-de-chaussée, premier et deuxième étages...........	65	30		
Fenêtres du troisième étage et au-dessus...............	»	»		
PERSONNELLE ET MOBILIAIRE.				
Cote personnelle..........	4 fr.	30 c.	102	13
Cote mobiliaire..........	97	83		
Patente			»	»
Frais d'avertissement................			»	5
TOTAL..........			193	19

Le présent extrait, dont le total monte à 193 fr. 19 c., est certifié conforme au rôle.

A Lille, le 27 Février 1828.

Le Percepteur,

Signé, CARION.

DÉPARTEMENT DU NORD.

VILLE DE LILLE.

TROISIÈME ARRONDISSEMENT DE PERCEPTION.

Extrait du rôle général des contributions directes de l'an 1828.

(Art. 3359. Rue Royale, N.° 105.)

M. de Bully, exerçant la profession de propriétaire, demeurant   est imposé audit rôle comme il suit :

CONTRIBUTION FONCIÈRE.

Propriété bâtie et non bâtie			189 fr.	38 c.
PORTES ET FENÊTRES.				
Une porte cochère, charretière et de magasin en gros ...	12 fr.	96 c.	79	74
Cinquante portes et fenêtres de rez-de-chaussée, premier et deuxième étages	66	78		
Fenêtres du troisième étage et au-dessus	»	»		
PERSONNELLE ET MOBILIAIRE.				
Cote personnelle.........	4 fr.	30 c.	106	38
Cote mobiliaire..........	102	8		
Patente			»	»
Frais d'avertissement			»	5
Total..........			375	55

Le présent extrait, dont le total monte à 375 fr. 55 c., est certifié conforme au rôle.

A Lille, le 1.er Mars 1828.

Le Percepteur,

Signé, CARION.

Légalisé par M. le Maire, le 7 Mars 1828.

Légalisé par M. le Préfet, le 13 Mars 1828.

DÉPARTEMENT DU NORD.

VILLE DE LILLE.

TROISIÈME ARRONDISSEMENT DE PERCEPTION.

Extrait du rôle général des contributions directes de l'an 1828.

(Art. 3360. Rue Royale, N.° 105.)

M. de Bully (Charles), exerçant la profession de payeur, est imposé audit rôle comme il suit :

		fr.	c.
Contribution foncière		»	»
Portes et fenêtres		»	»
PERSONNELLE ET MOBILIAIRE.			
Cote personnelle	4 fr. 30 c.	4	30
Cote mobiliaire	» »		
Patente		»	»
Frais d'avertissement		»	5
Total		4	35

Le présent extrait, dont le total monte à 4 fr. 35 c., est certifié conforme au rôle.

A Lille, le 1.er Mars 1828.

Le Percepteur,
Signé, CARION.

Légalisé par M. le Maire, le 7 Mars 1828.
Légalisé par M. le Préfet, le 13 Mars 1828.

N.° 12.

EXTRAIT DES LISTES ÉLECTORALES DE 1827.

N.os d'ordre.	NOMS.	PRÉNOMS.	Professions, titres ou fonctions.	Lieu du domicile politique.	NATURE ET QUOTITÉ DES CONTRIBUT.s				TOTAL des contributions.	INDICATION des contributions payées hors du département
					foncière.	personnelle et mobilière.	des portes et fenêtres.	patente.		
					f. c.	f. c.	f. c.	f. c.	f. c	*
208	De Bully.	Ch.-Jean-Aug.	Propriét.e	Lille.	1388 54*	69 53	12 20	» »	1470 7	Somme et
209	De Bully.	Esp.-Ch.-Gab.	Payeur du dép.t du Nord.	Idem.	912 65	102 13	78 36	» »	1093 14	Calvados, f. c. 536 25

N.° 13.

L'an 1828, le 7 Mars, à la requête de M. Jacques-Vincent-Joseph Leleux, électeur, demeurant à Lille, grande place;

Je, Séraphin D'hennin, huissier audiencier près le tribunal civil séant audit Lille, y demeurant et y domicilié, rue de Béthune, N.° 39, soussigné, patenté de troisième classe, N.° 12, du 30 Janvier dernier, décoré au vœu de la loi, ai sommé M. le comte de Muyssart, maire de la ville de Lille, en l'hôtel de la mairie, où étant et parlant à lui-même, lequel a signé le présent, de vouloir 1.° légaliser la signature du S.r Carion, percepteur des contributions du troisième arrondissement de la ville de Lille, apposée au bas de deux extraits de rôle que je lui ai représentés, concernant M. de Bully, propriétaire, et Charles de Bully, payeur;

2.° Certifier que les propriétés mentionnées dans l'extrait relatif à M. de Bully, propriétaire, lui appartiennent depuis plus d'un an.

A quoi il m'a été répondu qu'il était prêt à légaliser sur les extraits de rôle la signature du S.r Carion, percepteur des contributions, ce qu'il a fait à l'instant; mais attendu que le requérant n'exhibe aucun titre d'où résulte le fait dont il demande l'attestation, le Maire déclare ne pouvoir satisfaire à sa demande, de laquelle réponse j'ai tenu acte pour servir et valoir ce que de droit; et j'ai, du tout, dressé et rédigé le présent acte, dont copie a été par moi laissée et délivrée à mondit

S.r le comte de Muyssart, maire de la ville de Lille, en l'hôtel de la mairie, parlant comme dit est, dont acte. Coût, 6 fr. 15 c.

Signé, S. D'HENNIN.

Vu et reçu copie par nous, Maire de la ville de Lille, ce 7 Mars 1828.

Signé, le Comte DE MUYSSART.

Enregistré à Lille, le 7 Mars 1828, fol. 8 r.°, c. 2. Reçu 2 fr., et pour décime 20 c.

Signé, CORDA.

Nous, Juge au tribunal civil de Lille, pour l'empêchement du Président, certifions que M. D'hennin, qui a signé l'acte ci-dessus, est huissier près ledit tribunal.

Lille, le 13 Mars 1828.

Signés, Ét. LEJOSNE, LEROY.

N.° 14.

Je soussigné, Receveur de l'enregistrement à Lille, certifie qu'il résulte de l'extrait du contrat de mariage de M. de Bully fils, payeur à Lille, passé devant Me Collette, notaire à Seclin, le 5 Décembre 1827, consigné sur les tables de mon bureau, par suite du renvoi qui m'a été fait par le Receveur de Seclin, où l'acte a été enregistré; je certifie, dis-je, que l'apport du futur époux comprend:

1.° Une maison rue Dauphine, N.° 94, etc.

2.°

3.°

4.° Une valeur de 26,250 fr. en meubles meublans, linge de table, argenterie, etc.

Le présent certificat, délivré à M. Leleux, imprimeur à Lille, sur la demande qu'il en a faite en vertu d'ordonnance de M. Meurisse fils, juge-de-paix à Lille, en date du 31 Mars dernier, restée au bureau. (Deux mots rayés nuls.)

Le Receveur de l'enregistrement,
Signé, LECONTE.

Nous, Juge au tribunal civil séant à Lille, pour le Président empêché, certifions que M. Leconte, qui a signé l'acte d'autre part, est tel qu'il se qualifie.

Lille, le 2 Avril 1828.

Signés, FIÉVET, FLORY.

N.° 15.

L'an 1828, le 28 Avril, à six heures du matin, à la requête de M. Jacques-Vincent Leleux, imprimeur et électeur, demeurant et domicilié à Lille, grande place;

Je, Louis-Joseph Defrance, huissier aux tribunaux civil et de commerce séant à Lille, y demeurant, Marché au Verjus, N.° 12, patenté sous le N.° 337, en date du 1.er Mars dernier, soussigné;

Ai signifié et déclaré à M. le vicomte Alban de Villeneuve, préfet du département du Nord, en son hôtel, rue Royale, à Lille, y demeurant, où étant et parlant à lui-même, lequel a visé le présent original;

Que le requérant s'oppose formellement à l'arrêté du conseil de préfecture, en date du 23 Avril présent mois, ayant pour objet l'inscription sur la liste des électeurs du collége de département, de M. Charles-Jean de Bully père.

Cette opposition repose : 1.° sur ce que la propriété, qui peut donner lieu à l'éligibilité et à la possession annale exigée par l'art. 4 de la loi du 29 Juin 1820, n'est pas suffisamment acquise à M. de Bully père pour les biens situés dans le Calvados, ce qui résulte de la déclaration faite à la Chambre des Députés par M. le rapporteur de la pétition adressée à ce sujet par des électeurs du département du Nord; 2.° sur ce que la division de la contribution mobiliaire, que l'arrêté précité a faite arbitrairement et sans motif légitime et légal, n'est établie sur aucun acte authentique, si ce n'est une déclaration de quelques citoyens, sans titre aux yeux de la loi;

3.° sur ce que le conseil de préfecture a admis la déclaration précitée comme un acte légal et *suffisamment authentique*, ce qui ne saurait se concevoir sans violation du texte formel des lois et ordonnances sur la matière; 4.° sur plusieurs autres moyens que le requérant se propose de développer, soit devant la cour royale, soit devant le conseil d'état et les diverses autorités investies du droit de décider en matière électorale.

En outre, le S.r Jacques-Vincent Leleux déclare que, conformément à la disposition de l'art. 6 de la loi du 5 Février 1817, il adressa son opposition au conseil d'état et à toutes autorités compétentes, et pour que M. le Préfet n'en ignore, je lui ai signifié et délivré le double du présent exploit, dont le coût est de 6 fr. 15 c.

Signé, DEFRANCE.

Vû et reçu copie par nous, Préfet, le 28 Avril 1828.

Signé, V.te DE VILLENEUVE.

Enregistré à Lille, le 28 Avril 1828, fol. 827 r.°, c. 5. Reçu 2 fr. 20 c.

Signé, CORDA.

L'an 1828, le 28 Avril, à six heures du matin, à la requête de M. Jacques-Vincent Leleux, imprimeur et électeur, demeurant et domicilié à Lille, grande place;

Je, Louis-Joseph Defrance, huissier aux tribunaux civil et de commerce séant à Lille, y demeurant, Marché au Verjus, N.° 12, patenté sous le N.° 337, en date du 1.er Mars dernier, soussigné;

Ai signifié, dénoncé et délivré à M. Charles-Jean de Bully père, rentier, demeurant à Lille, rue Dauphine, en son domicile, parlant au S.r Castelain, son domestique, ainsi déclaré;

Copie d'une opposition à un arrêté du conseil de préfecture, en date du 23 de ce mois, signifiée ce jour à M. le Préfet du département du Nord, au nom du requérant, afin que mondit S.r de Bully père n'ignore du contenu en ladite opposition, et ait à s'y conformer à tel péril que de droit, lui ayant aussi signifié et délivré le double du présent exploit, dont le coût est de 5 fr. 25 c., non compris copie.

Signé, Defrance.

Enregistré à Lille, le 28 Avril 1828, fol. 827 r.°, c. 6. Reçu 2 fr. 20 c.

Signé, Corda.

LOI
SUR LES ÉLECTIONS.
(5 Février 1817.)

Art. 1.er Tout Français jouissant des droits civils et politiques, âgé de trente ans accomplis, et payant 300 fr. de contributions directes, est appelé à concourir à l'élection des députés du département où il a son domicile politique.

2. Pour former la masse des contributions nécessaires à la qualité d'électeur ou d'éligible, on comptera à chaque Français les contributions directes qu'il paie dans tout le royaume; au mari, celles de sa femme, même non commune en biens; et au père, celles des biens de ses enfans mineurs dont il aura la jouissance.

3. Le domicile politique de tout Français est dans le département où il a son domicile réel; néanmoins, il pourra le transférer dans tout autre département où il paiera des contributions directes, à la charge, par lui, d'en faire, six mois d'avance, une déclaration expresse devant le Préfet du département où il aura son domicile politique actuel, et devant le Préfet du département où il voudra le transférer. La translation du domicile réel ou politique ne donnera l'exercice du droit politique, relativement à l'élection des députés, qu'à celui qui, dans les quatre ans antérieurs, ne l'aura point exercé dans un autre département. Cette exception n'a pas lieu dans le cas de dissolution de la Chambre.

4. Nul ne peut exercer les droits d'électeur dans deux départemens.

5. Le Préfet dressera, dans chaque département, la liste des électeurs, qui sera imprimée et affichée. Il statuera provisoirement, en conseil de préfecture, sur les réclamations qui s'élèveraient contre la teneur de cette liste, sans préjudice du recours de droit, lequel ne pourra néanmoins suspendre les élections.

6. Les difficultés à la jouissance des droits civils ou politiques du réclamant seront définitivement jugées par les cours royales; celles qui concerneraient ses contributions ou son domicile politique, le seront par le conseil d'état.

7. Il n'y a, dans chaque département, qu'un seul collége électoral; il est composé de tous les électeurs du département, dont il nomme directement les députés à la Chambre.

8. Les colléges électoraux sont convoqués par le Roi; ils se réunissent au chef-lieu du département, ou dans telle autre ville que le Roi désigne. Ils ne peuvent s'occuper d'autres objets que de l'élection des députés; toute discussion, toute délibération leur sont interdites.

9. Les électeurs se réunissent en une assemblée, dans les départemens où leur nombre n'excède pas six cents. Dans ceux où il y en a plus de six cents, le collége électoral est divisé en deux sections, dont chacune ne peut être moindre de trois cents électeurs. Chaque section concourt directement à la nomination de tous les députés que le collége électoral doit élire.

10. Le bureau de chaque collége électoral se compose d'un président nommé par le Roi, de quatre scrutateurs et d'un secrétaire. Les quatre scrutateurs et le secrétaire sont nommés par le collége à un seul tour de scrutin de liste pour les scrutateurs, et individuel pour le secrétaire, à la pluralité des voix. Dans les colléges électoraux qui se divisent en sections, le bureau ainsi formé est attaché à la

première section du collége. Le bureau de chacune des autres sections se compose d'un vice-président nommé par le Roi, de quatre scrutateurs et d'un secrétaire, choisis de la manière prescrite. A l'ouverture du collége et sections de collége, le président, le vice-président, nomment le bureau provisoire, composé de quatre scrutateurs et d'un secrétaire.

11. Le président et le vice-président ont seuls la police du collége électoral ou des sections du collége qu'ils président. Il y aura toujours présens, dans chaque bureau, trois au moins des membres qui en font partie. Le bureau juge provisoirement toutes les difficultés qui s'élèvent sur les opérations du collége ou de sa section, sauf la décision définitive de la Chambre des Députés.

12. La session des colléges est de dix jours au plus. Chaque séance s'ouvre à huit heures du matin. Il ne peut y en avoir qu'une par jour, qui est close après le dépouillement du scrutin.

13. Les électeurs votent par bulletin de liste, contenant à chaque tour de scrutin autant de noms qu'il y a de nominations à faire. Le nom, la qualification, le domicile de chaque électeur qui déposera son bulletin seront inscrits, par le secrétaire ou l'un des scrutateurs présens, sur une liste destinée à constater le nombre des votans. Celui des membres du bureau qui aura inscrit le nom, la qualification, le domicile de l'électeur, inscrira en marge son propre nom. Il n'y a que trois tours de scrutin. Chaque scrutin est, après être resté ouvert au moins pendant six heures, clos à huit heures du soir, et dépouillé séance tenante. L'état du dépouillement du scrutin de chaque section est arrêté et signé par le bureau. Il est immédiatement porté par le vice-président au bureau du collége, qui fait, en présence de toutes les sections, le recensement de toutes les

sections. Le résultat de chaque tour de scrutin est sur-le-champ rendu public.

14. Nul n'est élu à l'un des deux premiers tours de scrutin, s'il ne réunit au moins le quart plus une voix, de la totalité des membres qui composent le collége, et la moitié plus un, des suffrages exprimés.

15. Après les deux premiers tours de scrutin, s'il reste des nominations à faire, le bureau du collége dresse et arrête une liste des personnes qui, au second tour, ont obtenu le plus de suffrages. Elle contient deux fois autant de noms qu'il y a encore de députés à élire. Les suffrages, au troisième tour de scrutin, ne peuvent être donnés qu'à ceux dont les noms sont portés sur cette liste. Les nominations ont lieu à la pluralité des votes exprimés.

16. Dans tous les cas où il y aura un concours par égalité de suffrages, l'âge décidera de la préférence.

17. Les Préfets et les Officiers-généraux commandant les divisions militaires et les départemens, ne peuvent être élus dans les départemens où ils exercent leurs fonctions.

18. Lorsque, pendant la durée ou dans l'intervalle des sessions des chambres, la députation d'un département devient incomplète, elle est complétée par le collége électoral du département auquel elle appartient.

19. Les députés à la Chambre ne reçoivent ni traitement, ni indemnités.

20. Les lois, décrets et réglemens sur le mode des élections, antérieurs à la présente loi, sont abrogés.

21. Toutes les formalités relatives à l'exécution de la présente loi seront réglées par des ordonnances du Roi.

LOI

SUR L'AGE DES DÉPUTÉS.

(25 Mars 1818.)

Art. 1.er Nul ne pourra être membre de la Chambre des Députés, si, au jour de son élection, il n'est âgé de quarante ans accomplis et ne paie 1,000 fr. de contributions directes, sauf le cas prévu par l'art. 39 de la charte.

2. Le député élu par plusieurs départemens sera tenu de déclarer son option à la Chambre dans le mois de l'ouverture de la première session qui suivra la double élection; et à défaut d'option dans ce délai, il sera décidé, par la voie du sort, à quel département le député appartiendra.

LOI
SUR LES ÉLECTIONS.
(29 Juin 1820.)

Art. 1.er Il y a, dans chaque département, un collége électoral de département et des colléges électoraux d'arrondissement. Néanmoins, tous les électeurs se réuniront en un seul collége dans les départemens qui n'avaient, à l'époque du 5 Février 1817, qu'un député à nommer; dans ceux où le nombre des électeurs n'excède pas trois cents, et dans ceux qui, divisés en cinq arrondissemens de sous-préfecture, n'auront pas au-delà de quatre cents électeurs.

2. Les colléges de département sont composés des électeurs les plus imposés, en nombre égal au quart de la totalité des électeurs du département. Les colléges de département nomment cent soixante-douze nouveaux députés, conformément au tableau annexé à la présente loi. Ils procéderont à cette nomination pour la session de 1820. La nomination de deux cent cinquante députés actuels est attribuée aux colléges d'arrondissement électoraux à former dans chaque département, en vertu de l'art. 1.er, sauf les exceptions portées au § II du même article. Ces colléges nomment chacun un député. Ils sont composés de tous les électeurs ayant leur domicile politique dans l'une des communes comprises dans la circonscription de chaque arrondissement électoral. Le cinquième des députés actuels qui

doit être renouvelé, sera nommé par les colléges d'arrondissement. Pour les sessions suivantes, les départemens qui auront à renouveler leur députation, la nommeront en entier d'après les bases établies par le présent article.

3. La liste des électeurs de chaque collége sera imprimée et affichée un mois avant l'ouverture des colléges électoraux. Cette liste contiendra la quotité et l'espèce des contributions de chaque électeur, avec l'indication des départemens où elles sont payées.

4. Les contributions directes ne seront comptées, pour être électeur ou éligible, que lorsque la propriété foncière aura été possédée, la location faite, la patente prise et l'industrie sujette à patente exercée une année avant l'époque de la convocation du collége électoral. Ceux qui ont des droits acquis avant la publication de la présente loi, et le possesseur à titre successif, sont seuls exceptés de cette condition.

5. Les contributions foncières payées par une veuve sont comptées à celui de ses fils; à défaut de fils, à celui de ses petits-fils; et à défaut de fils et petit-fils, à celui de ses gendres qu'elle désigne.

6. Pour procéder à l'élection des députés, chaque électeur écrit secrètement son vote sur le bureau, ou l'y fait écrire par un autre électeur de son choix, sur un bulletin qu'il reçoit à cet effet du président. Il remet son bulletin écrit et fermé au président, qui le dépose dans l'urne destinée à cet usage.

7. Nul ne peut être élu député aux deux premiers tours de scrutin, s'il ne réunit au moins le tiers plus une, des voix de la totalité des membres qui composent le collége, et la moitié plus un, des suffrages exprimés.

8. Les Sous-Préfets ne peuvent être élus députés par les colléges d'arrondissement électoraux qui comprennent la totalité ou une partie des électeurs de l'arrondissement de leur sous-préfecture.

9. Les députés décédés ou démissionnaires seront remplacés chacun par le collége qui l'aura nommé. En cas de décès ou démission d'aucun des membres actuels de la Chambre, avant que le département auquel il appartient soit en tour de renouveler sa députation, il sera remplacé par un des colléges d'arrondissement de ce département. La Chambre déterminera par la voie du sort l'ordre dans lequel les colléges électoraux d'arrondissement procéderont aux remplacemens éventuels jusqu'au premier renouvellement intégral de chaque députation.

10. En cas de vacance par option, décès, démission ou autrement, les colléges électoraux seront convoqués dans le délai de deux mois pour procéder à une nouvelle élection.

11. Les dispositions des lois des 5 Février 1817 et 25 Mars 1818, auxquelles il n'est pas dérogé par la présente, continueront d'être exécutées, et seront communes aux colléges électoraux de département et d'arrondissement.

LOI

RELATIVE AU RENOUVELLEMENT INTÉGRAL ET SEPTENNAL DE LA CHAMBRE DES DÉPUTÉS.

(9 Juin 1824.)

La Chambre actuelle des Députés et toutes celles qui la suivront, seront renouvelées intégralement ; elles auront une durée de sept années, à compter du jour où aura été rendue l'ordonnance de leur première convocation, à moins qu'elles ne soient dissoutes par le Roi.

ARTICLES DE LA LOI DU JURY,

DU 2 MAI 1827,

AYANT RAPPORT AUX ÉLECTIONS.

Art. 1.er Les jurés seront pris parmi les membres des colléges électoraux, et parmi les personnes désignées dans les § III et suivans de l'art. 2 ci-après.

2. Le 1.er Août de chaque année, le Préfet de chaque département dressera une liste qui sera divisée en deux parties. La première partie sera rédigée conformément à l'art. 3 de la loi du 29 Juin 1820, et comprendra toutes les personnes qui rempliront les conditions requises pour faire partie des colléges électoraux du département. La seconde partie comprendra : 1.°, etc., etc.

3. Les listes dressées en exécution de l'article précédent seront affichées au chef-lieu de chaque commune, au plus tard le 15 Août, et seront arrêtées et closes le 30 Septembre. Un exemplaire en sera déposé et conservé au secrétariat des mairies, des sous-préfectures et des préfectures, pour être donné en communication à toutes les personnes qui le requerront.

4. Il sera statué, suivant le mode établi par les art. 5 et 6 de la loi du 5 Février 1818, sur les réclamations qui seraient formées contre la rédaction des listes. Ces réclamations seront inscrites au secrétariat-général de la préfecture, selon l'ordre et la date de leur réception. Elles seront formées par simple mémoire et sans frais.

5. Nul ne pourra cesser de faire partie des listes prescrites par l'art. 2, qu'en vertu d'une décision motivée

ou d'un jugement, contre lequel le recours ou l'appel auront un effet suspensif.

6. Lorsque les colléges électoraux seront convoqués, la première partie de la dernière liste qui aura été arrêtée le 30 Septembre précédent, en exécution de l'art. 3, tiendra lieu de liste prescrite par l'art. 5 de la loi du 5 Février 1817, et par l'art. 3 de la loi du 29 Juin 1820. Les Préfets feront imprimer et afficher, dans ce cas, un tableau de rectification contenant l'indication des individus qui auront acquis ou perdu, depuis la publication de la liste générale, les qualités exigées pour exercer les droits électoraux. S'il s'est écoulé plus de deux mois depuis la clôture de la liste, les Préfets en feront publier et afficher de nouveau la première partie avec le tableau de rectification. Les réclamations de ceux qui auraient été omis dans la première partie des listes arrêtées et closes le 30 Septembre, et qui auraient acquis les droits électoraux antérieurement à sa publication, ne seront admises qu'autant qu'elles auront été formées avant le 1.er Octobre, etc., etc.

LOI

SUR LA RÉVISION ANNUELLE DES LISTES ÉLECTORALES ET DU JURY.

(2 Juillet 1828.)

TITRE I.er *Révision annuelle des listes électorales et du jury.*

Art. 1.er Les listes faites en vertu de la loi du 2 Mai 1827 sont permanentes, sauf les radiations et inscriptions qui peuvent avoir lieu lors de la révision prescrite par la présente loi. Cette révision sera faite conformément aux dispositions suivantes :

2. Du 1.er au 10 Juin de chaque année, et aux jours qui seront indiqués par les Sous-Préfets, les Maires des communes composant chaque canton se réuniront à la mairie du chef-lieu, sous la présidence du Maire, et procéderont à la révision de la portion de la liste formée en vertu de la loi du 2 Mai 1827, qui comprendra les citoyens de leur canton appelés à faire partie de cette liste. Ils se feront assister des percepteurs de l'arrondissement cantonnal.

3. Dans les villes qui forment à elles seules un canton ou qui sont partagées en plusieurs cantons, la révision des listes sera effectuée par le Maire, les adjoints et les trois plus anciens membres du conseil municipal, selon l'ordre du tableau. Les Maires des communes qui dépendraient de l'un de ces cantons seront aussi appelés à la révision ; ils se réuniront tous sous la présidence du Maire de la ville. A Paris, les Maires des douze arrondissemens,

assistés des percepteurs, procéderont à la révision, sous la présidence du doyen de réception.

4. Le résultat de cette opération sera transmis au Sous-Préfet, qui, avant le 1.er Juillet, l'adressera, accompagné de ses observations, au Préfet du département.

5. A partir du 1.er Juillet, le Préfet procédera à la révision générale de la liste.

6. Il y ajoutera les citoyens qu'il reconnaîtra avoir acquis les qualités requises par la loi, et ceux qui auraient été précédemment omis. Il en retranchera : 1.° les individus décédés ; 2.° ceux qui auront perdu les qualités requises ; 3.° ceux dont l'inscription aura été déclarée nulle par les autorités compétentes ; 4.° enfin, ceux qu'il reconnaîtrait avoir été indûment inscrits, quoique leur inscription n'eût pas été attaquée. Il tiendra un registre de toutes ces décisions, et il fera mention de leurs motifs et des pièces à l'appui.

7. La liste ainsi rectifiée par le Préfet sera affichée, le 15 Août, au chef-lieu de chaque commune, et déposée au secrétariat des mairies, des sous-préfectures et de la préfecture, pour être donnée en communication à toutes les personnes qui le requerront. Elle contiendra, en regard, le nom de chaque individu inscrit sur la première partie de la liste, l'indication des arrondissemens de perception où il paie des contributions, propres ou déléguées, ainsi que la quotité et l'espèce des contributions pour chacun de ces arrondissemens.

8. La publication prescrite par l'article précédent tiendra lieu de notification des décisions intervenues aux individus dont l'inscription aura été ordonnée. Toute décision ordonnant radiation sera notifiée dans les dix jours à celui qu'elle concerne, ou au domicile qu'il sera tenu d'élire pour l'exercice de ses droits politiques, s'il n'habite pas le département. Cette notification et toutes

celles qui doivent avoir lieu, aux termes de la présente loi, seront faites suivant le mode employé jusqu'à présent pour les jurés, en exécution de l'art. 389 du Code d'instruction criminelle.

9. Après la publication de la liste rectifiée, il ne pourra plus y être fait de changement qu'en vertu de décisions rendues par le Préfet en conseil de préfecture, dans les formes ci-après.

Titre II. *Des réclamations sur la révision des listes.*

10. A compter du 15 Août, jour de la publication, il sera ouvert au secrétariat-général de la préfecture, un registre coté et paraphé par le Préfet, sur lequel seront inscrites, à la date de leur présentation, et suivant un ordre de numéros, toutes les réclamations concernant la teneur des listes. Ces réclamations seront signées par le réclamant ou par son fondé de pouvoirs. Le secrétaire-général donnera récépissé de chaque réclamation et des pièces à l'appui. Ce récépissé énoncera la date et le numéro de l'enregistrement.

11. Tout individu qui croirait devoir se plaindre, soit d'avoir été indûment inscrit, omis ou rayé, soit de toute autre erreur commise à son égard dans la rédaction des listes, pourra, jusqu'au 30 Septembre inclusivement, présenter sa réclamation, qui devra être accompagnée de pièces justificatives.

12. Dans le même délai, tout individu inscrit sur la liste d'un département pourra réclamer l'inscription de tout citoyen qui n'y serait pas porté, quoique réunissant toutes les conditions nécessaires, la radiation de tout individu qu'il prétendrait y être indûment inscrit, ou la rectification de toute autre erreur commise dans la rédaction des listes. Il devra motiver sa demande et l'appuyer de pièces justificatives.

13. Aucune des demandes énoncées en l'article précédent ne sera reçue, lorsqu'elle sera formée par des tiers, qu'autant que le réclamant y joindra la preuve qu'elle a été par lui notifiée à la partie intéressée, laquelle aura dix jours pour y répondre, à partir de celui de la notification.

14. Le Préfet statuera en conseil de préfecture sur les demandes dont il est fait mention aux art. 11 et 12 ci-dessus, dans les cinq jours qui suivront leur réception, quand elles seront formées par les parties elles-mêmes ou par leurs fondés de pouvoirs, et dans les cinq jours qui suivront l'expiration du délai fixé par l'art. 13, si elles sont formées par des tiers. Si ces décisions sont motivées, la communication sans déplacement, des pièces respectivement produites sur la question en contestation, devra être donnée à toute partie intéressée qui le requerra.

15. Il sera publié tous les quinze jours un tableau de rectification, conformément aux décisions rendues dans cet intervalle, et présentant les indications mentionnées à l'art. 7 ci-dessus. Aux termes de l'art. 8, la publication de ces tableaux de rectification tiendra lieu de notification aux individus dont l'inscription aura été ordonnée ou rectifiée. Les décisions portant refus d'inscription ou prononçant des radiations, seront notifiées dans les cinq jours de leur date aux individus dont l'inscription ou la radiation aura été réclamée, soit par eux-mêmes, soit par des tiers. Les décisions rejetant les demandes en radiation ou rectification seront notifiées dans le même délai, tant aux réclamans qu'à l'individu dont l'inscription aura été contestée.

16. Le 16 Octobre, le Préfet procédera à la clôture de la liste : le dernier tableau de rectification, l'arrêté de clôture et la liste du collége départemental dans les départemens où il y a plusieurs colléges, seront affichés le 20 du même mois.

17. Il ne pourra plus être fait de changement à la liste qu'en vertu d'arrêts rendus dans la forme déterminée au titre suivant.

TITRE III. *Réclamations contre les décisions du Préfet en conseil de préfecture.*

18. Toute partie qui se croira fondée à contester une décision rendue par le Préfet en conseil de préfecture, pourra porter son action devant la cour royale du ressort. L'exploit introductif d'instance devra, sous peine de nullité, être notifié dans les dix jours, tant au Préfet qu'aux parties intéressées. Dans le cas où la décision du Préfet en conseil de préfecture aurait rejeté une demande d'inscription formée par un tiers, l'action ne pourra être intentée que par l'individu dont l'inscription était réclamée. La cause sera jugée sommairement, toutes affaires cessantes, et sans qu'il soit besoin de ministère d'avoué. Les actes judiciaires auxquels elle donnera lieu, seront enregistrés *gratis*. L'affaire sera rapportée en audience publique par un des membres de la cour, et l'arrêt sera prononcé après que le ministère public aura été entendu. S'il y a pourvoi en cassation, il sera procédé comme devant la cour royale, avec la même exemption de droits d'enregistrement, sans consignation d'amende.

19. Le recours et l'action intentée par suite d'une décision qui aura rayé un individu de la liste, ou qui lui aura attribué une quotité de contributions moindre que celle pour laquelle il était précédemment inscrit, auront un effet suspensif.

20. Le Préfet, sur la notification de l'arrêt intervenu, fera sur la liste la rectification qui aura été prescrite.

TITRE IV. *Formation d'un tableau de rectification en cas d'élection après la clôture annuelle des listes.*

21. Lorsque la réunion d'un collége aura lieu dans le

mois qui suivra la publication du dernier tableau de rectification prescrit par l'art. 16, il ne sera fait à ce tableau aucune modification. Dans ce cas, l'intervalle entre la réception de l'ordonnance et la réunion du collége sera de vingt jours au moins.

22. Si la réunion a lieu à une époque plus éloignée, l'intervalle sera de trente jours au moins. Dans ce dernier cas, le Préfet fera afficher immédiatement l'ordonnance de convocation. Le registre prescrit par l'art. 10 ci-dessus sera ouvert. Les réclamations par les art. 11 et 12 seront admises ; mais elles devront être faites dans le délai de huit jours, sous peine de déchéance. Le Préfet, en conseil de préfecture, dressera le tableau de rectification prescrit par l'art. 6 de la loi du 2 Mai 1827. Il le fera publier et afficher le onzième jour au plus tard après la publication de l'ordonnance, et les notifications prescrites par l'art. 15 seront faites aux parties intéressées dans le délai de cinq jours.

23. L'action exercée conformément à l'art. 18 sera portée directement devant la cour royale du ressort. Elle n'aura d'effet suspensif que dans le cas de radiation. L'assignation sera donnée à huitaine pour tout délai, et la cour prononcera après l'expiration du délai : l'arrêt ne sera pas susceptible d'opposition.

24. Il ne pourra être fait de changement au tableau de rectification ci-dessus prescrit, qu'en vertu d'arrêts rendus par les cours royales.

Titre V. *Dispositions générales.*

25. Nul individu appelé à des fonctions publiques temporaires ou révocables, ne pourra être inscrit sur la première partie de la liste du département où il exerce ses fonctions, que six mois après la double déclaration prescrite par l'art. 3 de la loi du 5 Février 1817.

26. Les percepteurs des contributions directes sont tenus de délivrer sur papier libre, et moyennant une rétribution de 25 centimes par extrait de rôle concernant le même contribuable, à toute personne portée au rôle, l'extrait relatif à ses contributions; et à tout individu qualifié comme il est dit à l'art. 12 ci-dessus, tout certificat négatif ou extrait des rôles de contributions.

27. Il sera donné communication des listes annuelles et des tableaux de rectification à tous les imprimeurs qui voudront en prendre copie. Il leur sera permis de les faire imprimer sous tel format qu'il leur plaira de choisir, et de les mettre en vente.

28. Pour l'année 1828, les opérations ordonnées par la présente loi commenceront le premier jour du mois qui suivra sa promulgation, et seront poursuivies, en observant les délais qu'elle prescrit.

www.ingramcontent.com/pod-product-compliance
Ingram Content Group UK Ltd.
Pitfield, Milton Keynes, MK11 3LW, UK
UKHW020353230726
13925UKWH00003B/1101

9 782013 487542